19,80

Hans Manz Die Welt der Wörter

Hans Manz

Die Welt der Wörter

Sprachbuch für Kinder
und Neugierige

Im Anhang Beiträge über
Hans Manz und seine Texte

Beltz & Gelberg

Alle Texte dieser neu edierten Sammlung sind ungekürzt übernommen aus den »Sprachbüchern«

»Worte kann man drehen«
Sprach-Buch für Kinder, Zeit-Wörter und anderes
Weinheim, 1974
(Auswahlliste zum Deutschen Jugendbuchpreis)

»Kopfstehn macht stark oder Die Kunst zwischen den Zeilen zu lesen«
Neues Sprachbuch für Kinder, Texte, Spiele, Laute
Weinheim, 1978 (und 1986)
(Auswahlliste Deutscher Jugendbuchpreis)

»Lieber heute als morgen«
Sprechen, hören, träumen, hoffen ..., Texte für Kinder
Weinheim, 1988
(IBBY-Ehrenliste)

*Einige Texte sind mit einem * gekennzeichnet; für diese Texte gibt es Erläuterungen oder Lösungen im Anhang.*

Programm Beltz & Gelberg, Weinheim

Typographische Einrichtung von Peter Hühner
Einband von Wolfgang Rudelius
Gesamtherstellung Druckhaus Beltz, 6944 Hemsbach
Printed in Germany
ISBN 3 407 80075 4

Vorwort

Kinder fragen mich immer wieder: Warum machen Sie das eigentlich – in der Sprache herumwühlen, Sätzen nachgrübeln, die Wörter siebenmal drehen und wenden? Ich sage dann: Weil mich das zuallererst selbst interessiert. Weil das Fahnden nach falschen Tönen mich in Spannung versetzt. Ich grabe anfänglich immer zu meinem eigenen Vergnügen nach Wortschätzen und Falschmünzereien. Hinterher allerdings hoffe ich zuversichtlich, Leserinnen und Leser zu finden, die ein ähnliches Interesse, den gleichen Spaß an der Erforschung sprachlicher Vorgänge haben.
Wenn ich dann merke, daß mich die Kinder weiterhin erwartungsvoll anblicken, weil sie sehr wohl spüren, daß ich noch nicht alles preisgegeben habe, füge ich folgende Ergänzungen hinzu: Die Sprache ist eine Kraft, ein Machtinstrument, eine Waffe. Ich wünschte mir, daß ihr das durchschaut und euch Sprachbetrügereien in und hinter die Ohren schreibt, daß ihr euch wappnet und Gegenkräfte entwickelt.
Erwachsene, denen diese Antworten bekannt sind, pflegen zu fragen: Sind Sie ein Moralist? Und ich, ohne die geringste Neigung, mich zu schämen, erwidere: Jawohl, das bin ich. Aber merken Sie sich eins, ich bin ebenso ein Spieler. Und wiederum aus ureigenstem Antrieb. Die Spiellust bewirkt, daß ich mich selbst relativieren kann. Sie schafft Distanz zur Strenge meiner Absichten. Sie verhindert, daß der Ernst der Aufklärungsarbeit verkommt und tierisch wird. Ich möchte, trotz aller Wut und Empörung über manche Hinterhältigkeiten im Sprachgebrauch, das Lachen nicht ganz verlieren. Wenn mir die Bleigewichte finsterer Befunde eine gewisse »Leichtigkeit des Seins« zerstörten, könnte ich nicht mehr leben. Deshalb steht neben und zwischen meiner Suche nach Sinn, Doppelsinn, Hintersinn immer auch der pure Unsinn.

Hans Manz
Zürich, Oktober 1990

Inhalt

Wer will, kann die Texte in diesem Buch in folgender Reihenfolge lesen:

Was im Buche steht,

laß es nicht stehen.
Man kann die Worte so oder so drehen.
Also, leg sie auf die Goldwaage,
oder beweg sie mit einer Frage.

Nimm dir Zeit zu verweilen,
lies zwischen den Zeilen,
auch ein kurzes Gedicht hat viele Seiten.
„Es war einmal . . .” meint – vielleicht – heutige Zeiten.

Buchstabieren allein genügt nicht.
Lies einen Satz, wie in einem Gesicht,
wie, und warum er dir etwas zeigt,
und wo er verstummt und was er verschweigt.

Es gibt die

Muttersprache
Vatersprache
Kindersprache
Männersprache
Frauensprache
Erwachsenensprache
Familiensprache
Alltagssprache
Geheimsprache
Liebessprache
Haßsprache
Denksprache
Streitsprache
Falschsprache
Zwiesprache
Notsprache
Zahlensprache
Geldsprache
Machtsprache
Befehlssprache
Besitzsprache
Bildsprache
Schriftsprache
Zeitsprache
Spielsprache
Rätselsprache
Scherzsprache
Verkehrssprache
Blödelsprache
Wunschsprache

Zeit-Wörter unserer Zeit

**Du bist aufgezogen, paß auf,
daß du die Feder nicht überspannst.**

●

Nicht so stürmisch, hast du den Tiger im Tank?

●

Dreh bitte deine Lautstärke hinunter.

●

**Ich habe nicht alles mitbekommen,
spul nochmals auf den Anfang
deiner Geschichte zurück.**

●

**Du mußt lernen,
auf die richtigen Knöpfe zu drücken,
wenn du
von den Menschen etwas bekommen willst.**

●

**Wenn man mich mitten im Satz unterbricht,
schaltet es bei mir einfach ab.**

●

**Und bitte,
spiel dich in Gesellschaft nicht so auf
und nimm das nächste Mal etwas Gas weg.**

Ja, weißt du,
die Sicherungen sind mir durchgebrannt.

●

Ich komme mir ausgeleiert und ausgefahren vor.

●

Und dann entgleisten ihm die Gesichtszüge.

●

Er hat mit seinen Gedanken
die Schallmauer durchbrochen.

Zeit-Wort

Bestimmt das Wort die Zeit?
Nein.
Bestimmt die Zeit das Wort?
Nein.
Sondern:
ich **bestimme die Zeit**
du **bestimmst die Zeit**
er **bestimmt die Zeit**
wir **bestimmen die Zeit**
ihr **bestimmt die Zeit**
sie **bestimmen die Zeit**

Die Zeit bestimmt mich
Die Zeit bestimmt dich
Die Zeit bestimmt ihn
Die Zeit bestimmt uns
Die Zeit bestimmt euch
Die Zeit bestimmt sie

Abgekürztes Verfahren, Zeit ist Geld!

Schlag die Augen auf und die Decke zurück!
Zieh die Vorhänge vor,
die Kleider aus
und die Decke über die Ohren!
Beschwer dich nicht mit unnötigen Sorgen
und über dein Schicksal!
Ein Mann überdachte sein Haus
und dann sein Leben.

Verstehen

**Du bist noch zu klein, um das zu verstehen,
das kannst du noch nicht verstehen,
nein, das verstehst du nicht,
verstehst das nicht,
noch nicht,
verstanden!!!**

●

Lieben

**Jemand liebt dich heiß. –
Wenn nur keine kalte Dusche folgt!**

**Jemand liebt dich abgöttisch. –
Ist das nicht unmenschlich?**

**Jemand hat dich zum Auffressen gern. –
Setz dich nicht zu Tisch mit ihm.**

**Jemand liebt nur dich allein. –
Wer kann da nicht teilen?**

**Jemand liebt dich, so wie du bist. –
Du Glückspilz!**

Denken

Denke
denke weiter
denke um.

Bedenke
überdenke
durchdenke warum.

Denk viel
denk mehr
denk immer daran,

daß man dem,
der nicht nachdenkt,
vordenken kann.

●

Aufpassen

Jeder muß lernen,
sich anzupassen,
aber gleichzeitig
aufpassen,
daß er nicht verpaßt
zu sagen:
Das paßt mir nicht!

Sich mögen

Mädchen:

„Ich mag dich."
„Ich mag dich sehr."
„Ich mag dich sehr gut."
„Ich mag dich sehr gut riechen."

Junge:

„Ich mag dich auch."
„Ich mag dich auch sehr."
„Ich mag dich auch sehr gut."
„Ich mag dich auch sehr gut leiden."

Mädchen:

„Nein, ich mag dich doch nicht."
„Ich mag dich doch nicht sehr."
„Ich mag dich doch nicht sehr gern."
„Ich mag dich doch nicht sehr gern vermissen."

Junge:

„Ich mag dich gar nicht."
„Ich mag dich gar nicht sehr."
„Ich mag dich gar nicht sehr gern."
„Ich mag dich gar nicht sehr gern entbehren."

Messen und messen

Jahr für Jahr
wirst du rücklings
an den Türpfosten gestellt.

Wenn der Vater dich mißt,
mit dem Bleistift den Strich zieht,
sieh zu, wie sich seine Brust schwellt.

Wenn die Mutter das Datum notiert,
neben die Meßmarke schreibt,
sieh zu, wie sie lacht.

Sieh zu, du Stolz deiner Eltern,
wie sich der Vater reckt,
die Mutter Spektakel macht.

Also im nächsten Jahr:
Schau ihnen forschend ins Gesicht,
kümmere dich nicht um die Marke am Holz,

sondern überleg dir genau:
Beachten sie, daß du gewachsen bist,
Oder messen sie nur ihren eigenen Stolz?

Kein Mensch muß müssen?

Wir dürfen mit den Eltern eine Sonntagsfahrt
machen müssen.
Wenn die Eltern allein fernsehen wollen,
müssen wir im Bett lesen dürfen.
Weil Vater und Mutter oft fort sind,
dürfen wir lange aufbleiben dürfen.
Wir müssen den Eltern dankbar sein müssen.

●

Kommen und gehen

Komm geh!
Na, geh schon und komm!
Komm doch, komm!
Jetzt geh mir nicht auf die Nerven und komm!!
Komm schon, geh, komm!
Aber komm mir nicht so!!
Geh, geh – komm, mach schon!!

Eigenschaften

Erwachsene sind:
lieb
bös
liebenswürdig
böswillig
liebevoll
bösartig.

Aber Kinder sind:
lieb
bös
liebenswürdig
böswillig
liebevoll
bösartig.

**Sogar die liebsten Kinder sind böse Kinder,
verwünschen den Vater ein für allemal ins Pfefferland,
beerdigen in ihren Träumen den Bruder,
hoffen, der Teufel würde die Schwester holen
und die Mutter würde für immer verloren gehen.**

**Sogar die bösesten Kinder sind liebe Kinder,
pfeifen den Vater aus dem Pfefferland zurück,
lassen den Bruder wieder auferstehen,
jagen dem Teufel die Schwester ab,
und lösen die Mutter auf dem Fundbüro aus.**

Eigenschaftswörter
werden im Grammatikbuch so gesteigert:

klein kleiner am kleinsten
aber im Leben so:
am kleinsten kleiner klein größer groß

Wenn groß klein stärkt,
ist es gut, klein zu sein.

Wenn groß klein schwächt,
ist es schlimm, klein zu sein.

Steigerung, die jeder erleben sollte:
schwach, stärker, stark.

Machen

„Was machen wir nun, mein Lieber?"
sagte die Mutter
und blickte zum Vater hinüber.

„Ich mache, was ich kann",
sprach der Vater, „an mir soll's nicht fehlen",
und sah die zwei Töchter an.

„Ja, was wird nun gemacht?"
fragten die Schwestern,
„Bruder, was hast du dir gedacht?"

„Nun, da jeder jeden anhört!"
rief der,
„fällt die Antwort nicht schwer:
Wir machen so weiter!"

Sein und Haben

Was ist dein Vater?
Ist er ein kleiner Angestellter?
Ist er ein Namenloser?
Ist er eine Nummer?
Ist er ein kleines Rädchen im großen Getriebe?

Ist er ein hohes Tier?
Ist er einer der obern Zehntausend?
Ist er eine Hauptperson?
Ist er einer der wenigen,
die am Schalthebel sitzen?

Oder muß man fragen: Was hat dein Vater?
Ist er wer, weil er was hat?
Ist er niemand, weil er nichts hat?

Oder:
Ist er viel wert, obschon er wenig hat?
Hat er viel, obschon wenig los ist mit ihm?

Was ist warm und was ist kalt?

Warm ist:
Ein Blick, der deine Angst schmilzt,
ein Wort, das deinen Zorn erweicht,
eine Bewegung, die deine Verstockung löst.

Kalt ist:
Ein Blick, der dir das Wort abschneidet,
ein Wort, das dein Lachen einfriert,
eine Bewegung, die dich erstarren läßt.

●

Angst

Ein Kind hatte Angst
vor der Angst
der Mutter
vor der Angst
des Vaters
vor den Menschen,
die keine Angst haben.

WIE ERWACHSENISCH!
(Warum gibt's dieses Wort nicht?)

Ach, dieser Kinderkram!
Mein Gott, dieser Kindergarten!
Benimm dich nicht wie ein Kind!
Laß diese Kindereien!
Du Kindskopf!
Kindisch, was du da machst!

●

Hübsch

„Komm hübsch daher!"
„Überlaß das hübsch mir!"
„Laß das hübsch bleiben!"
„Gib hübsch das hübsche Händchen!"

Hübsche Geschichten! Nicht?

Familiensprache

Ist die Wohnungstür geschlossen?
Guck durch den Spion, wer hat geläutet?[1]
Wir essen nicht auf dem Balkon,
die Schmidts sind schon draußen.
Zieh die Vorhänge, man sieht uns!

●

Vater ist der Allerbeste.
Mutter, dich gibt's nicht zweimal.
Mit den Müllers möchte ich nicht tauschen.
Leute gibt's in der Nachbarschaft!

●

Mein und Dein

Ein Elternteil zum andern:

„Sieh dir mal meine Kinder an,
sind sie nicht klug und wohl geraten!"
„Sieh dir mal deine Kinder an,
wie sie sich wieder aufführen,
wie die Flegel!"

1 = Guckloch in der Tür

Familiengespräch

Vater zur Mutter:
„Wenn du halbtags arbeiten würdest
und mittags den Haushalt besorgen,
könnten wir uns endlich
einen größeren Wagen kaufen,
man muß sich ja schämen
mit dieser elenden Sardinenbüchse!"

Mutter zum Vater:
„Du kommst mir gerade recht.
Würdest du dich endlich mal durchsetzen,
hättest du längst den doppelten Lohn,
und ich brauchte nicht ewig
in diesen billigen Fähnchen herumzulaufen."

Vater und Mutter zu den Kindern:
„Unzufrieden seid ihr?
Wir haben alles, was wir brauchen.
Ihr solltet mal bittere Armut kosten,
damit ihr wieder sähet, was ihr jetzt habt,
und es zu schätzen wüßtet!"

Rollenspiel

Ein brüderlicher Vater,
eine schwesterliche Mutter,
bemutternde Geschwister,
versöhnliche Schwestern –
kurz: eine Familie, die sich nach
jedem Familienkrach wieder verbrüdert.

Sprachveränderungen

Junge, der spät nachts heimkommt:

(zur weinenden Mutter)

„Ach, ich hab mir gedacht, du würdest schon lange schlafen und überhaupt nichts bemerken."

(zum zornigen Vater)

„Ich hab halt nicht auf die Uhr geschaut. Tut mir leid. Soll nicht mehr vorkommen."

(zu den Geschwistern)

„Denen hab ich aber mal gezeigt, daß ich mache, was ich will."

(zu sich selbst)

„Geschieht ihnen ganz recht, sie kümmern sich sonst auch nicht um mich."

Schwester zum Bruder:

(wenn Besuch da ist)

„Darf ich dich bitten, das Brot herüberzureichen? Danke schön."

(wenn die Eltern da sind)

„Gibst du mir das Brot? Danke."

(unter sich)

„Das Brot! Rasch, du Schafskopf!"

Leicht und schwer

„Was ist leicht
und was ist schwer?"

„Prüf mich!"

„Mit deinem Rad
um mich herum enge Kreise zu ziehen?"

„Das ist leicht, sehr leicht!"

„Mit mir hinten drauf
jenen Hügel hinunterzufahren?"

„Federleicht!"

„Mir zuzusehen,
wie ich allein um mein Haus fahre?"

„Mm, leicht!"

„Dein Fahrrad mit mir ganz zu teilen,
daß es halb mir, halb dir gehört?"

„Das ist schwer!"

Muttersprache

**„Habe ich dir, mein Kind,
nicht eben ein Brot gerichtet
und die Schuhe geglänzt?
Wie kommst du dazu,
dich gegen mich aufzulehnen?"**

**„Soll ich meinen Eigenwillen
etwa aufs Brot streichen?
Blas mir in die geputzten Schuhe!"**

●

Was sonst nicht im Sprachbuch steht

**„Ich habe etwas, was du nicht hast",
sprach der Mann.
„Ich habe auch etwas, was du nicht hast",
sagte die Frau.
„Hätt'st du, was ich habe", sprach der Mann,
„hätt'st du nicht, was ich nicht habe",
sagte die Frau,
„hätten wir uns nicht so lieb", sprach der Mann,
sagte die Frau, und sie liebten sich.**

Auch das ist Liebessprache

Was sie haben:

Der Mann	Die Frau
Glied	Scheide
Schnecke	Pfirsich
Schwänzchen	Täschchen
Schnecken-Hundeschwänzchen	Schlupflöchlein
Schelle	Schlitzchen
Glöckchen	
Würstchen	Busen
Hähnchen	Tittchen
Penis	Kohl-Köpfchen
Pimpel	Paradiesäpfel
usw.	etc.

Fünf Freundinnen
(Eine steht immer im Mittelpunkt.)

BRIGITTE
B A R B A R A
E U G E N I A
INGE
AMBROSIA

Zwei Brüder
(Einer wird an die Wand gedrückt.)

MAXU
MAXMAXR
MAXMAXMAXS

Der kleine Unterschied

Das Bett der gebärenden Mutter
ist ein Kindsbett.

Die Taufe des Kindes
ist eine Kindstaufe.

Aber:
Der Kopf des Kindes
ist ein Kinderkopf.

Saure Kinder
hassen es,
wenn man sie mit Versprechen
einseift,
ärgern sich,
wenn man mit Ablenkungsmanövern
auskneift,
mögen es nicht,
wenn man rechthaberisch
zurückkeift,
verstehen es,
wenn man kampfbereit die Ärmel
hochstreift,
lieben es,
wenn man sie annimmt
und begreift.

Kinder

**Von deinem Vater,
deiner Mutter
bist du
das Kind.**

**Von deinen Großvätern,
deinen Großmüttern
sind deine Eltern
die Kinder.**

**Von deinen Urgroßvätern,
deinen Urgroßmüttern
sind deine Großeltern
die Kinder.**

**Also sind
deine Großeltern,
deine Eltern
und du
allesamt Kinder.**

●

Vorgang

**Ein den Erwachsnen
entwachsenes Kind
ist erwachsen.**

**Ein von Erwachsnen
überwachsenes Kind
ist verwachsen.**

Im Rechtschreibebuch gefunden

Hauptwörter, welche Eltern
den Kindern sagen dürfen:

Kleiner Wurm Jüngelchen
Ding Bürschchen Blage
Lümmel Rüpel Range Wildfang
Balg Hosenmatz Gör Göre
Dreikäsehoch Bübchen
Hemdenmatz Knirps Fratz
Wicht Bubi Kerlchen
Bengel Lausbub

Hauptwörter, welche Kinder
den Eltern sagen dürfen:

Mama Papa
Mutter Vater

Zahlenre4e

Kleiner Streit

„Ich bin 2fellos größer als du",
sprach zum Einer der Zweier.

„3ster Kerl, prahle nicht so!"
knurrte der größere Dreier.

„Und ich!" rief der Einer, „bin zwar der kl1te,
aber dafür bestimmt auch der f1te."

„Nein, mir gibt man sogar noch den Sch0ller",
piepste der Nuller.

Achterbahnträume

**8
W8soldaten
bew8en
W8eln in Sch8eln[1]
und l8en:
„Auf der W8,
um Mittern8
werden Feuer entf8
und die W8eln geschl8et,
wir haben lange genug geschm8et."**

**„8ung",
d8en die W8eln,
„wir öffnen mit Sp8eln
die Sch8eln,
denn der Verd8,
daß man uns hinm8,
ist angebr8",
und entflogen s8,
abends um
8**

1 = Vogelart

Radfahrer

Seit einer unserer Radlerfreunde
zwei Gänge mehr schalten kann
als wir,
versucht er uns dauernd zu überholen.

Seit ein zweiter unserer Radlerfreunde
den verchromten Kilometerzähler
am Lenker hat,
will er immer an der Spitze fahren.

Seit ein dritter unserer Radlerfreunde
eine gepolsterte Rückenlehne
hat anbringen lassen,
hält er gebührenden Abstand zu uns.

Seit ein vierter unserer Radlerfreunde
das alte Rad des Bruders
bekommen hat,
fährt er (der Neuling) als Schlußlicht mit.

Rechnung

Ein Halbschlauer,
der sich einsam fühlt,

ein Einfaltspinsel,[1]
der einen Zweipfünder stiehlt,

ein Zweibeiner,
der Fünfe grad sein läßt,

ein Dreikäsehoch,
der halbwegs sein Kinderbett näßt,

ein Vierschrötiger,
der seine Siebensachen vergißt,

ein Fünfling,
der einen Vierfüßler ißt,

ein Sechstagefahrer,
der mit der Zweiradklingel die Leute weckt,

ein Siebenschläfer,
der alle viere von sich streckt,

ein Achttönnerschofför,
der mit dem Sechszylinder die Umwelt vergast,

ein Neunmalkluger,
der mit Siebenmeilenstiefeln umherrast,

ein Zehnkämpfer,
mit seiner einsilbigen Frau –

dies alles zusammen
ergibt genau:

95

1 = Dummkopf

Selbstlaute

a a a a a
a a a
a
a
ba a a a a a
Bar a
Bart a
Trab a
Rab a
ab a
a a a
a a a a a a

o o o o o o o
oh ho
Rot Tor
Rolf Flor
Stroh Horst
Frosch Schorf
Horst Stroh
Flor Rolf
Tor Rot
ho oh
o o o o o o o o o

Echo im Schwarzwald

„Hu!“ „Ha!“
„Huhu!“ „Haha!“
„Buch!“ „Bach!“
„Fluch!“ „Flach!“
„Wurm du!“ „Warm da!“
„Sulzhuhn!“ „Salzhahn!“
„Ungezogener Lumpenschuft!“ „Angezogener Lampenschaft!“
„Du kannst nicht husten!“ „Da kannst nicht hasten!“
„Hund „Hand
rund Rand
wund Wand
Bund!“ Band!“
„Uhuuu!“ „Ahaaa!“

Mit-Laute

Lautlesen:
Laut lesen! …

Trinkst du T ?
(Tee)

Ein Baum hat ST .
(Äste)

HB ich da etwas vergessen?
(Habe)

Umlaut: ö

(ja, sonst nichts)

Halblaut: 

… mehr oder
… weniger laut …

Vorlaut: Ö!

Tadelnde Laute

ts-ts-ts-ts-ts! ... bitte leiser!

●

Leise Laute

PSSSsss! ... und hören ...

●

Sanfter Laut

Pf-pf-pf-pf-pf-Pfeifenrauch ... horchen ...

●

Angstlaut

ä ich habe ä es ist mir ä ich habe gewiß nicht ä
ä wollte ganz bestimmt nicht
ä ich habe ä es ist mir ä einfach ä passiert ä . . .

● ... aufhorchen ...

Einschüchterungslaute

Du übler Kerl, du üüübler üüüübler Kerl, hüte dich, hüüüte dich, das noch einmal zu tun!

●

Schneidende Laute

Vorwääääärts mrsch!
Reeeeeechts umkerrrt!
Rüüüühr euch! ... aufhören!!

Umlauten – umdenken

Hauswart – Hauswärtchen
Oberstudienrat – Oberstudienrätchen
Generaldirektor – Generaldirektörchen
General – Generälchen
●

Umdenken – umlauten

selber satt sein – andere sättigen
selbst Schutz haben – andere beschützen
selber Trost finden – andere trösten

Wörter im Wort

SCH . A . . F . . .
. . . . AR . . . E .
SCH . AR . . . EN
. . H . AR . F . E .
. . . . . RAFFEN
S . . . ARA . . . .
. . . L . . AFFEN
. . H . A . . F . EN
SCHLA . . . FEN
. . H . AR . . . . N
. . . . ARA . . . .[1]
SCH . AR . . F . .
. . . . . . AFFEN
SCHL . . AFF . .
SCH . . . AFFEN
SCHLARAFFEN

1 = Pagageienart

Verfolgungsjagd

Laute spielen ....

t t t t t t t t t t t t t t   f f f f f f ffffffffffffffffff

Das wird einen Kampf geben!

b b b b b bbbbbbb dddddddd d d d d

... Menschen

Opfer auf beiden Seiten

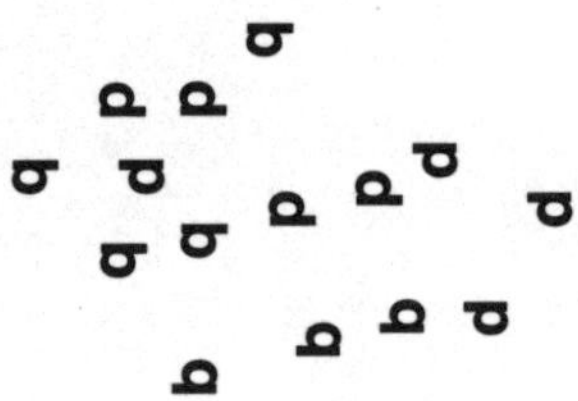

(Nicht mal der Tod
macht alle gleich.)

Blödel-Ei

**Ein Nacked-Ei
aß, versteckt im Salb-Ei,
ein Hühner-Ei.
Warst du dab-Ei?
Poliz-Ei! Poliz-Ei!**

●

**„Warum kicherst du?
Hast du Kicher-
erbsen gegessen?"**

**„Dumme Frage,
soll ich etwa weinen,
nur weil ich Wein-
trauben gegessen habe?"**

●

Druckfehler (welche?)

**Rauch mir die Pfeife hinüber!
Meine Frau kauft zuviel.
Ach, jetzt raufen auch schon die Birnen!**

**Warum reibst du mir das Herz?
Was, du trägst eine Schlaufe um den Hals?
Das sind wohl feile Witze?**

Gipfel und Gapfel

Auf
den
Butter
Gipfel
fiel
ein
Au
Gapfel
mit
Wohlgefallen

Zipfel und Zapfel

Hemd
Zipfel
rieb
Hol
Zapfel
sauber
und
glatt

Fitness – Slogan

Zu dick?
Schluck Schlick
Schlecke Schlacke
Kicke Kacke!

„Blödsinn!"
„Unsinn-Stumpfsinn!"

Geschütteltes

Leisereiter .... Reiseleiter
Selterkäufer ....
(Keltersäufer)
Schinderkuh ....
(Kinderschuh)
Farnwurz ....
(Warnfurz)

(Na, na)

●

Ich? Einen
Knicks?
Du hast wohl
’nen Knacks!

●

Sätze und Schätze
haben eines gemein:
Sie verseuchen
verscheuchen
den Unterschied
vom Sein zum Schein

Silbenpolka

♩ ♩ ♩
Hi ha ho
♩ ♪♪ ♩
hop sasa sa |
♪♪ ♪♪ ♩
kuddel schmuddel ritsch
♩ ♩ ♪♪
ratsch rutsch trili |
♩ ♩ ♩ | ♩ ♪ ♪ ♩
schnick schnack Quatsch | tra la hihi |
♪♪ ♪♪ ♪♪ ♩.
didel didel didel dumm. |

→

♩ ♩ ♩
Ri ra rums
♪♪ ♪♪ ♩ |
zige zage hoi |
♪♪ ♪ ♪ ♩
fidi geigei ju
♩ ♪ ♪♩ |
he hei juhei |
♩ ♩ ♩ | ♩ ♪ ♪ ♩ |
o je weh | wei wei owei |
♪♪ ♪♪ ♪♪ ♩. |
gaga gaga gaga ga. |

♩ ♩ ♩
Wie wann und
♪ ♪ ♪ ♩ |
wer wem und wo |
♪♪ ♪♪ ♩
soso nana a
♪ ♪ ♪ ♪ |
ha pfui oho |
♩ ♩ ♩ | ♩ ♪ ♪ ♩ |
so ist das | al-so achso |
♪ ♪ ♪ ♪ ♪ ♪ ♩. |
blabla blabla blabla bla. |

Slbstltstrk

(Selbstlautstreik)

Raten
Erraten
Rätseln

Asche bleibt nicht Asche

Asche verstreut sich, über das Land.
.Asche baumelt, hängt an der Hand.
.Asche ist ein Verbindungsstück.
.Asche schlingt sich in Rosaband.
..Asche zerbricht, ist leer, zum Glück.

(Tasche, Lasche, Masche, Flasche)

Zum Schnellesen:

Depeschen[1]
Kaleschen[2]
Entwischen
Radieschen

●

Drei kleine Läuschen
zwickten drei Mäuschen,
die schwankten mit Räuschen
hinein in ihr Häuschen.

●

Drei Sekunden nach dem Alarm quoll die ganze *
Polizeikompanie aus der Wachs-
tube ins Freie.
Über die Grenze kommst du am besten, wenn du
die Zöllner mit dem neuesten Registrieramt-
spaß zufrieden stellst.
Als wir in der Armee noch alles zu Fuß machen
mußten, da gab's Qualm-
ärsche, die einem tagelang in den Knochen lagen.
Habt ihr gehört, man hat den vermißten Wanderer
lebend in einem abgelegenen Wal-
darm aufgefunden?

---

1 = Nachrichten
2 = Kutschen

Satzzeichen unter sich

**Wenn ich Komma Komma
die Sätze nicht gliedern würde Komma
könnte man sie gar nicht verstehen Punkt**

**Ach Komma du Großhans Komma
du willst mehr
sein als ein Frage-
zeichen Fragezeichen**

**Und du erst Fragezeichen Ausrufezeichen
Ich überschreie euch alle Doppel-
punkt Fragezeichen Komma Strichpunkt Ausrufe-
zeichen**

**Ich setze jetzt diesem Selbstruhm einen Schluß-
punkt Punkt**

Wortverästelungen

AST AST AST AST
AST AST AST AST AST
AST AST AST AST AST AST
TASTE ASTI LAST LAST ASTI TASTE
LASTER ASTOR ELAST ELAST ASTOR LASTER
BASTARD ASTHMA DAMAST DAMAST ASTHMA BASTARD
PASTORIN ASTARTE BALLAST BALLAST ASTARTE PASTORIN
PASTETE ASTRID MORAST MORAST ASTRID PASTETE
KASTEN ASTER KNAST KNAST ASTER KASTEN
PASTE ASTA MAST MAST ASTA PASTE
AST AST AST AST AST AST
AST AST AST AST AST
AST AST AST AST
STAMMSTAMM
STAMMSTAMM
STAMMSTAMM
STAMMSTAMM
STAMMSTAMM
STAMMSTAMM
STAMMTSTAMMT
STAEMMIGSTAEMMIG
STAMMBAUMBAUMSTAMM

Scherze

Fuhren Fuhren hier vorüber?
Floh der Floh in diese Richtung?
Der Läufer lief auf dem ausgelegten Läufer zum Siegerpodest.
Welcher Schläger hat meinen Schläger genommen?

Sätze

O mana gelti mest rich kis ten!

(Oma nagelt im Estrich Kisten)

Ach medni est weiler densch nu pfenhat.

(Achmed niest, weil er den Schnupfen hat)

Wie deho pfei ersin dan ders alsra bene ier.

(Wiedehopfeier sind anders als Rabeneier)

Wie der gewinnt und wiedergewinnt!
Sieb zehn Gramm Mehl.
Welch komisches Wort:
Das Beinhalten eines Schriftstücks!

●

Ein geborener Häuptling wünscht weder *
eingestandenes Bier noch eingemachtes Bett,
aber er wünscht sich ein
gefundenes Volk und ein genommenes Land.

●

Dummer, unbeholfener Schmerbauch!
Heute ist die große Unterhaltungsschau im
Abendprogramm!

Lies vorwärts oder rückwärts und beginn, wo du willst.

Ich kann mir allein nicht helfen.
Die Kiste ist zu schwer.
Man sollte die Kiste heben.
Ich brauche ein Werkzeug.
Das Werkzeug ist im Haus.
Ich bin im Garten.
Ich kann nicht fortlaufen.
Mein Fuß steckt unter der Kiste.
Der Fuß tut mir weh.
Es ist kaum auszuhalten.
Ich kann nicht aus dem Schuh heraus.
Die Zehen sind festgeklemmt.

Verzweigter Satz I

langsam aber sicher aufwärts.

Alles ist möglich, denn es geht mit mir hübsch der Nase nach gradaus.

schnell und schneller bergab.

Überlagerter Satz

Es braucht viel Mut,
sich anzunehmen, wie man ist.
Sich anzunehmen, wie man ist,
ist feige und bequem.

●

Mann und Frau

Paul nahm die Pauline
Alfons die Alfonsine
Josef die Josefine
Und die Undine

●

Unglücksfall

Dem Sultan
blieb die Sultanine
im Halse stecken,
so daß er erstickte.

●

Verbrechen

Der Mandarin
zog der Mandarine
die Haut ab
und aß sie.

Zwiegespräch

„Ist jene dicke Person . . ."
„Welche Person?"
„. . . jene dicke Person im weißen Mantel,
die eben das Fenster schließt, eine Frau?"
„Nein, im Gegenteil."
„Also ist diese dicke Person im weißen Mantel,
die eben das Fenster schließt, ein Mann?"
„Nein, im Gegenteil."
„Also ist die dünne Person im weißen Mantel,
die eben das Fenster schließt, ein Mann?"
„Nein, im Gegenteil."
„Ach so, die dünne Person im schwarzen Mantel,
die eben das Fenster schließt, ist ein Mann?"
„Nein, im Gegenteil: Die dünne Person im schwarzen
Mantel, die eben das Fenster öffnet ist ein Mann."
„Bist du sicher?"
„Nein, im Gegenteil."

Rede und Gegenrede

„Zum Teufel, dieser Hahn weckt mich
jeden Morgen um drei!"

„Warum drehst du ihn dann am Abend nicht zu?"

„Manchmal wünschte ich mir,
ich hätte zwei Flügel!"

„Ach wozu, du mußt sie doch nur alle Halbjahre
stimmen lassen."

„Dieser neue Block versperrt mir jetzt
die ganze Aussicht!"

„Leg ihn doch einfach in die
Schreibtischschublade!"

●

Gespräch

Na, so was!
Was so was?
Na, so was wie das da!
Wieso was wie das da?
So wie, na, wie so was!
Ach so, so wie das da, sowie was wie so was?
Ja, so wie, na, das da da!
Wie das da da da?
Sowieso!
Ach was!

Unendliche Sätze

Schon mein Vater sagte:
Schon mein Vater sagte:
Schon mein Vater sagte:
Schon mein Vater sagte:
Schon mein Vater sagte:
Schon mein . . .

Eine einsame Frau,
welche vor einem Fernseher sitzt,
die sieht eines Abends auf dem Bildschirm
eine einsame Frau,
welche vor einem Fernseher sitzt,
die sieht eines Abends auf dem Bildschirm
eine einsame Frau,
welche vor einem Fernseher sitzt . . .

Ich sehe mich im großen Spiegel im kleinen Spiegel,
den ich in der Hand halte,
im großen Spiegel im kleinen Spiegel,
den ich in der Hand halte,
im großen Spiegel im kleinen Spiegel, den ich...

Sätze, die sich in den Schwanz beißen

WEISS – DER – HIMMEL – WER – DA – WIEDER – ZUCKER – VERSTREUT – HAT – DER – KÜCHENBODEN – IST – GANZ –

HAST – DU – SCHON – BEMERKT – DASS – SICH – DIE – MENSCHEN – WIE – KREISEL – DREHEN – IN – DER – TÄGLICHEN – HETZE – UND –

Es klingt, wie's ist

kichern quietschen flitzt schlüpfrig
ächzen knattern röcheln
mickrig dürr plump pummelig
griesgrämig schlapp schlotterig
Pfiff Bimmel Gong Schnorchel
Patschhand Schlamassel Pluderhosen

●

Was ähnlich ist, klingt ähnlich

wispern pispern pispeln fispeln fisteln zischeln

(nach Duden)

Sprachklänge

„spitz" tönt spitz
„stumpf" tönt stumpf

●

Ist dieser Gleichklang Zufall?

arg
karg
Sarg

●

Zungenhüpfer

Kus-kus[1]
Be be be treuer
Kri po po po
Sport to to to tal sum me
Groß pa pa pa pa gei

1 = Couscous: Arabisches Gericht
mit Hirse, Gemüse, Fleisch

Sprachtakte – Sprachbewegungen

Ham – pel – mann – Ham – pel – mann – Ham – pel – Ham – pel – Ham – pel – mann

Zap- pel- phi- lipp- Zap- pel- phi- lipp- Zap- pel- phi- lipp- Zap- pel- phi- lipp- Zap- pel- phi- lipp

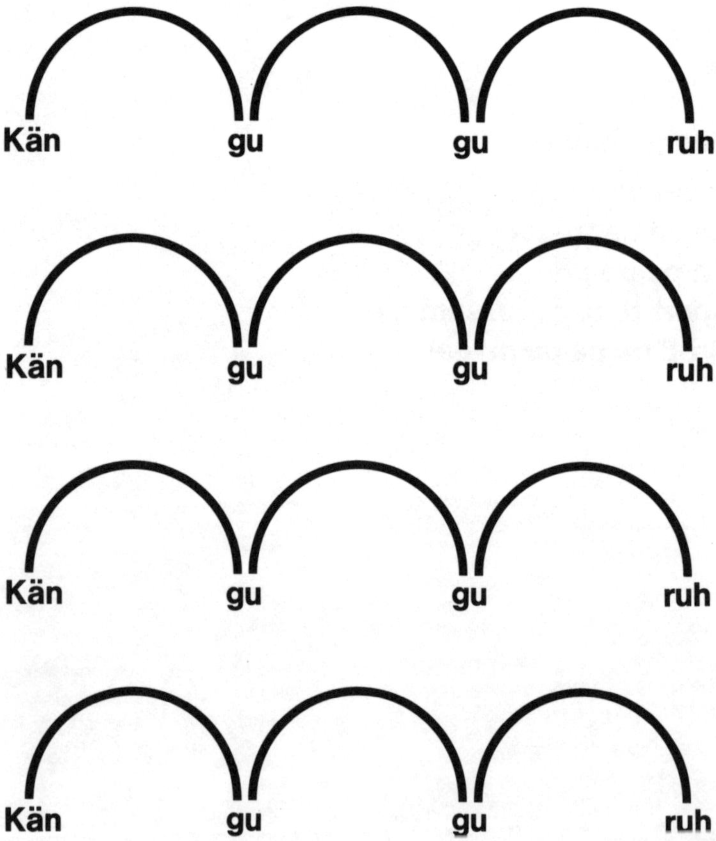

Jahreszeitenrätsel

Im . . . . zieht man am Wagen
Frühling
die Sommerreifen auf.

Im . . . . . . fragt man mit Frösteln:
Sommer
„Wie wird das wohl mit dem Heizölkauf?"

Im . . . . . . holt man aus dem Tiefkühlfach
Herbst
das lange gelagerte Frühlingsgemüse.

Im . . . . . . (brrr) liegt im Modejournal
Winter
ein Mannequin im Badekostüm auf der Wiese.

Trennungen

Getrennt werden:

E — hen
El — tern
Ge — schwi — ster
Fa — mi — li — en

Staa — ten
Völ — ker
Ras — sen
Klas — sen

Trip-pel-schrit-te-Trip-pel-schrit-te-Trip-pel-schrit-te

●

Da Da Da
So reiten die men die men die men

Her-ren Her-ren Her-ren
So reiten die Her-ren die Her-ren die

Bau Bau Bau
ern ern ern
So reiten die die die die

So reiten die – die – die – die – nie ein Pferd haben

●

So fahren die Straßenflöhe
S o f a h r e n d i e M i t t e l k l a s s e w a g e n
S o   f a h r e n   d i e   S p o r t w a g e n
SofahrendieeinenwiedieandernimStadtverkehr

Alle Hauptwörter werden groß geschrieben, aber in Wirklichkeit sind die einen größer als die andern:

Lehrer – Schüler
Rektor – Student
Meister – Lehrling
Offizier – Soldat (auch: Gemeiner)
Befehlshaber – Befehlsempfänger

●

„Ach, jener schäbige Warenhausdieb?
Ein kleiner Fisch!
Aber dieser gerissene Bankräuber;
Respekt, Respekt, dem ist ein großer Fang gelungen."

Aussagen

**„Nun gut, also eigentlich, ach, na ja – was soll ich lange um den heißen Brei herumreden,
wissen Sie, nicht?
und um es kurz und gerade herauszusagen:
ICH BIN EIN MENSCH,
DER KEINE UMSTÄNDE MACHT."**

**„Ich bin ein durch und durch friedlicher Mensch,
der es nicht leiden kann,
wenn der Friede gestört wird.
Die Unruhestifter sind mir zutiefst verhaßt
und manchmal möchte ich
den Störenfrieden am liebsten
DEN HALS UMDREHEN."**

**„Was hast du gesagt? Ich glaub schon?
Es ist doch nicht zu glauben!
Auf den Glauben kommt's überhaupt nicht an,
denken soll man, denken!
DAS KANNST DU MIR GLAUBEN!"**

**„Wie soll ich Ihnen das nur erklären?
Es ist so schwierig, sich verständlich zu machen.
Man sollte es eben selber erlebt haben.
Und doch wäre es gerade hier wichtig,
daß man sich deutlich ausdrückt.
Ich will es probieren: Also, es war so, daß ... ach,
SIE VERSTEHEN MICH DOCH SCHON!"**

Zusammensetzungen

Plastikplastik

●

Zeughauszeug
Schlagzeugzeug

●

Ladenfensterladen
Fensterladenladen
Ladenfensterladenladen

●

Niemand liebt mich, ich brauche deshalb einen
Liebesersatz
Ich kaufe mir ein zweites Fahrrad, ein
Ersatzfahrrad
Weil mich niemand liebt,
und ich deshalb etwas kaufen muß,
ist das ein
Liebesersatzfahrrad

●

Massenwaren
Massenwarenhaus
Massenwarenhauswaren
Massenwarenhauswarenmassen
Massenwarenhauswarenmassenmenschen

Hauptwörter,
die – um zu täuschen – gerne verwechselt werden:
Freundlichkeit – Falschheit
Ehrlichkeit – Taktlosigkeit
Liebe – Verhätschelung
Gutmütigkeit – Feigheit
Ruhe – Aufsmaulsitzen
Ordnung – Gehorsam
Friede – Umdenheißenbreitanzen

●

Hauptwörter
Haupt = Kopf
Aber:
Riskiert ein Hauptmann zuerst den Kopf?
Gibt es nicht kopflose Staatsoberhäupter?
Hätten Familienoberhäupter nicht manchmal
eine Kopfwäsche nötig?
Spricht man nicht von Hauptstädten,
die Wasserköpfe seien?
Ist nicht den vielen Menschen Kalbskopf
mit Kopfsalat und dergleichen die Hauptsache?

Dasselbe ist nicht dasselbe

Zimmermann – Zimmerfrau
Hauptmann – Hauptfrau

●

Es gibt einen Fachmann –
aber hast du von einer Fachfrau gehört?

Es gibt einen Hampelmann –
aber hast du schon von einer Hampelfrau gehört?

●

Mann ist Mann (oder ein Herr)
Frau ist Frau (oder ein Fräulein)

●

Hausbackenes Märchen

„Ich bin doch nicht dämlich
und spiele länger den Hausherrn",
sagte der Hausherr und wurde ein Hausmann,
der seiner Frau Hausmannskost kochte.
„Gut", sprach die Hausfrau,
„dann will ich auch nicht länger Hausfrau bleiben
und schon gar keine Hausdame.
Nein, ich will mein eigener Herr werden
und im Beruf meine Begabungen
an den Mann bringen."
So hausten sie hinfort zusammen.

„Die Frau" im Wandel der Sprache des Vaters:

Allein mit ihr: „Meine Liebe."
Zu ihren Freundinnen: „Die Dame des Hauses."
In Gesellschaft: „Die bessere Hälfte."
Am Stammtisch: „Das Weibsstück!"

So auch:
Allein mit ihr: „Du Hausdrachen."
Zu den Nachbarn: „Meine Frau."
Bei einer Einladung: „Meine Süße."
Am Stammtisch: „Die Meinige."

●

„Der Mann" im Wandel der Sprache der Mutter:

Allein mit ihm: „Schatz."
Zu seinen Freunden: „Mein Gemahl."
In Gesellschaft: „Mein Mann."
Im Damenklub: „Ach, dieser Herr der Schöpfung."
Zur besten Freundin: „Weißt du, mein Alterchen."

Schulstubensätze

„Ihr schweigt? Niemand, der sich meldet?
Habt ihr gar nichts zu sagen?"

„Wieso? Ich sage ja . . ."

„Still! Sprich, wenn man dich fragt!"

●

„Kommt! Na los! Wird's bald?
Nehmt die Hinterbeine nach vorn! Aber dalli!
Mein Gott, braucht man eine Engelsgeduld,
um Lehrer zu sein!"

Fragen

**Auch die Frau stellt heutzutage ihren Mann.
Wohin?**

**Ich nehme alles, wie's kommt.
Von wem?**

**Einmal ist keinmal.
Wie oft?**

**Schlag dir deine überrissenen Wünsche
aus dem Kopf!
Womit?**

**Liebe deinen Nächsten wie dich selbst!
So wenig?
Oder: So stark?**

**Ich gehe meine eigenen Wege.
Mit wem?**

●

Antworten

„Warum trampeln alle auf mir herum?"

„Weil du ihnen zu Füßen liegst!"

**„Weshalb haben die Meinigen
kein Verständnis für mich?"**

„Vielleicht haben sie den Verstand verloren."

**„Warum sehen viele Menschen die Dinge so
einfach und klar?"**

„Weil sie mit Blindheit geschlagen sind."

Widersprichwort

Lügen haben kurze Beine,
die sich eiliger bewegen,
hurtiger ausweichen,
wendigere Haken schlagen
als lange Beine.

Auch das ist eine Wahrheit.

●

Kein Widerspruch

Christen, die ein Heidengeld verdienen.
Frauen, welche die Hosen anhaben.
Schwarze Schafe der Familie, die eine weiße
Weste haben.
Mißtrauen vor Trauscheinen.
Saubere Atombomben und saubere Hinrichtungen.
Schmutzige Tricks,
mit denen reiner Tisch gemacht wird.

Nicht aufs Maul gefallen

„Halt den Mund!”
„Fällt mir nicht ein!”
„So halt wenigstens s’ Maul!”
„Auch nicht.”
„Dann zügle zum mind’sten dein Mundwerk!”
„Das würde den andern so passen!”
„Dann riskier halt in Gottes Namen ’ne Lippe!”
„Nein! Das Maul werd ich mir verreißen!”

Redensarten

sind Sätze, die nur noch geredet, aber nicht mehr
gedacht werden und „Geflügelte Worte"
sind Aussprüche, die jeder kennt
und auf die manche hereinfliegen.

„Wem es wie Schuppen von den Augen fällt,
den kann man nicht mehr übers Ohr hauen."

„Wer trotz lauter Bäumen den Wald noch sieht,
muß nicht das Kind mit dem Bad ausschütten."

„Ein Hansdampf in allen Gassen
braucht nicht alles auf eine Karte zu setzen."

●

Keiner

Der erste sagte:
„Wie du mir,
so ich dir!"

Der Zweite sprach:
„Nein, der Klügere gibt nach!"

Sie fragten, als sie so stritten
einen Dritten:
„Wer hat nun recht?"

Der sagte: „Keiner,
einer von euch ist nur größer
und der andere schwächer und kleiner."

Glückendlichoben
z
u
m
mühsam
i
s
t
keuchen
u
n
d
steigen
u
f
f
Treppen
a
c
h
Dasindwirjawieder

Ich bin oben! Bin oben

Immer dasselbe? Immer dieselben am selben Platz. Immer

Ganz o
o
o
o
o
o
o
oh, wer hat mich da wieder hinuntergestoßen!

sselbe? Immer dieselben am selben Platz. Immer dasselbe
.

Fingerspiel

(Überliefert)

**„Der da ist in den Bach geflogen.
Der da hat ihn herausgezogen.
Der da hat ihn heimgebuckelt.
Der da hat ihn ins Bett gesteckt.
Und der da hat alles Vater und Mutter entdeckt."**

**So wird mit Absicht in Verse gesetzt,
wie der eine den andern verpetzt.**

Drum:

**„Der da ist in den Bach geflogen.
Der da hat ihn herausgezogen.
Der da hat ihn heimgebuckelt.
Der da hat ihn ins Bett gesteckt.
Und der hat ihn heimlich warm zugedeckt."**

Schon der Großvater erzählte:

Als ich ein Kind war,
die Mutter abends ans Bett kam,
sagte sie folgenden Reim,
indem sie meine Hand nahm:

„Das ist der Daumen,
der schüttelt die Pflaumen,
der liest sie auf,
der trägt sie heim,
und der da, der Kleine,
ißt alle alleine."

Dann wuchs ich heran
und schüttelte die Pflaumen
hinab in das Gras,
ich wurde auch der,
der sie mühsam zusammenlas,
wurde auch der,
der sie keuchend davontrug,
ich wurde groß und blieb doch der Kleine,
merkte auch endlich den bösen Betrug,
denn da war immer ein Größerer
und der aß die Pflaumen alleine.

Pyramide

Ein
zelne

Wenige We
nige Wenige
Wenige Wenige

Manche nur Manche
Manche nur noch Man
che Manche Manche nur
Manche noch Manche noch

Viele Viele Viele Viele Vie
le Viele Allzuviele Viele Vie
le Allzuviele Vielzuviele Viele
Allzuviele Vielzuviele Allzuviele
Viele Viele Viele Viele Viele Viele

Kein Unterschied

Einmal wird die Sonne
dem weißen Kind
die fette Fruchthaut
um den roten Apfel spannen,
dem braunen Kind
die gelben Bananen zuckern,
dem gelben Kind
das grüne Zuckerrohr süßen,
dem schwarzen Kind
die braunen Datteln dörren.
Einmal wird der Regen
dem gelben Kind
auf weiten Terassenfeldern
den blassen Reis wässern,
dem schwarzen Kind
den goldenen Mais beträufeln,
dem braunen Kind
das kupferne Korn tränken,
dem weißen Kind
den leuchtenden Roggen begießen.
Denn einmal wird die Erde,
die ohne Unterschied
die starken Wurzeln
der schwarzen Sojabohne birgt
und den weißen Knoblauch,
die gelbe Rübe
und die braune Kartoffel behütet,
ohne Unterschied
den braunen und schwarzen Menschen gehören,
den weißen und gelben Kindern.

Sortierung

die Guten
die Göttlichen
die Heiligen
die Frommen
die Edelmütigen
die Superhelfer
die Feen
die Sheriffs:

die Gestalten
des Lichts

die Bösen
die Teuflischen
die Sünder
die Gottlosen
die Schurken
die Superbösewichte
die Hexen
die Gesetzesbrecher:

die Gestalten
der Finsternis

Und
im Halbdunkeln,
im Halbschatten,
im Zwielicht,
in der Dämmerung,
im Heiter bis Wolkigen –
ist da niemand?

Straßen – Menagerie

Ein seltsamer Vogel fuhr durch die Stadt,
als ihm ein aufgeregtes Huhn
in die Fahrbahn rannte.
Er trat auf die Bremse und stieg aus.
„Ich hoffe, Sie haben noch alle Federn”,
scherzte der Galgenvogel.
Die wütende Raubkatze sah ihn an und dachte:
„Er spricht wie ein glatter Aal,
der schlaue Fuchs glaubt wohl,
ich falle auf ihn herein” und sagte:
„Ich habe Ihretwegen die Torte fallen lassen,
die müssen sie mir vergüten.”
„Selbstverständlich”, sagte der gutmütige Bär,
bezahlte auf der Stelle
und entschuldigte sich höflich.
„Ach, Sie Wolf im Schafspelz,
sie Schmeichelkater”, schimpfte
die aufgebrachte Gans und lief einfach weg.
Der begossene Pudel stieg wieder in den Wagen,
fuhr davon und murmelte:
„Blöde Ziege!”

**Eine heitere Gesellschaft, die in
lichtarmen Wohnsilos,
düsteren Mietskasernen,
dunklen Liftschächten,
finsteren Straßenschluchten wohnt!**

●

Verkehrsregeln

**Frühzeitig einspuren!
Das Ausbrechen aus der Kolonne ist
lebensgefährlich!
Abstände einhalten!**

Und wenn das nun Lebensregeln werden?

Grauer Alltag

Der graue Alltag?
Grau sei er? Zum Lachen!
Ach, diese Schwarzmaler
sollten mal wieder
Blauen machen,
damit sie sähen,
wie die Wagenlenker
mit roten Köpfen Kolonne stehen,
und später dann im Büro,
gelb vor Neid auf Kollegen,
die höher und höher klettern,
die Stirne in Falten legen
und vor Weißglut wettern
auf jene, die ihnen nicht grün sind.

Der graue Alltag?
Grau? Wer ist denn da farbenblind?

Verzweigter Satz II

Weil die Miete in diesem Neubau so hoch ist,

Weil die Miete in diesem alten Haus so günstig ist

ehmen wir die viel zu kleine Wohnung in Kauf.

Die Einen tragen des Andern Last

V E R M I E T E R
M I E   T E R
M I E   T E R
M I E   T E R

M I E   T E R
M I E   T E R
M I E   T E R
M I E   T E R

M I E   T E R
M I E   T E R
M I E   T E R
M I E   T E R

M I E   T E R
M I E   T E R
M I E   T E R
M I E   T E R

M I E   T E R
M I E   T E R
M I E   T E R
M I E   T E R

Fußgängerratschlag

Wenn der Führerschein zum Verführerschein wird,
Gebote zu mißachten,
wird die Fahrbahn zur Überfahrbahn.
Du entgehst der Gefahr am besten
auf dem Entgehsteig.

●

Die Straßen sind lebensgefährlich geworden
Die Plätze sind von Autos verstellt
Die Wiesen sind von Zäunen umgeben
In den Anlagen stehen Wächter
Die Höfe sind abgesperrt,
die Treppenhäuser Ruheorte
Die Wohnung ist eng,
das Zimmer klein.
Was bleibt noch
am Ende
für jemand
wie
DICH?

Superman
steht den Hilflosen bei
und bezwingt den mächtigen Gegner.
Kracks!
Superman
steht den Hilflosen bei
und überwältigt den allgewaltigen Feind.
Wumms!
Superman
steht den Hilflosen bei
und erledigt den stahlharten Herrscher.
Zoing.
Superman
steht den Hilflosen bei,
mächtiger, allgewaltiger, stahlharter
und endlich allein.
Kracks! Wumms! Zoing!

●

Batman

Als die Schwachköpfe
den Kopf verloren
und den Hasenherzen
das Herz in die Hosen rutschte,
war Batmans Stunde gekommen.

Als die Schwachköpfe lernten,
den Kopf über Wasser zu halten
und die Hasenherzen
von selbst beherzter wurden,
hatte Batmans Stunde geschlagen.

Die Sprache verrät uns

Einem Wortgläubigen
muß man das Ehrenwort geben.
Einen Wortbrüchigen sollte man beim Wort nehmen.
Mein Freund hat wortlos Wort gehalten,
auf sein Wort kann ich bauen.

●

Wenn ein Schwätzer sagt: „Ich bin sprachlos!"
Kannst du das ernst nehmen?
Wenn ein wortkarger Mensch ernsthaft
auf dich einredet –
macht das nicht Eindruck?

●

Ein Verstummter und ein Sprachgewaltiger,
verstehen sie sich, oder verstehn sie sich nicht?

●

Wieviel braucht es wohl noch,
bis es den Gleichgültigen
das Schweigen verschlägt?

●

Man kann jemanden mit Worten tödlich verletzen,
und man kann jemanden totschweigen.

●

Ein Vater sagte vorgestern:
„Ich habe meinen Sohn zum Reden gebracht",
und gestern sagte er:
„Ich habe ihn zum Schweigen gebracht."

Die Sprache verrät uns.

Haßsprache

So. Du . . . .
Du . . . . du
Du . . . . du
Du du . . . .
. . . . . du

: : : : : : : : : : : : :   : : : : : : : :   : : : : : : : :   : : : : :   : : : : : :

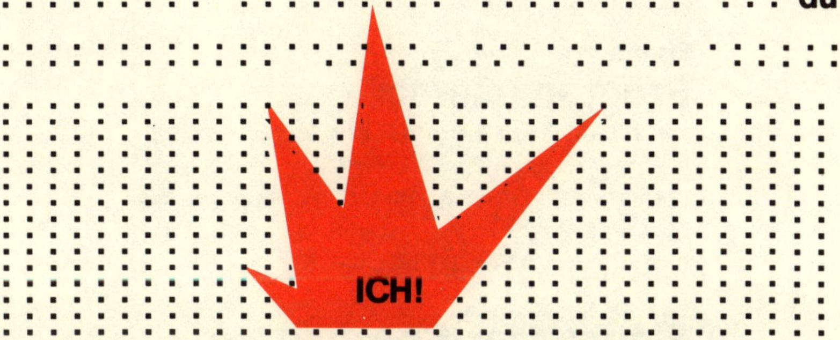

Bist du Werkmeister oder Werkzeug deines Werktages?

«Ruhen Sie sich auf den Lorbeeren aus?»

dann bitte lieber nicht!

Einem

Programmierer

mit RPG-Erfahrung bieten wir gute Zukunftsmöglichkeiten.

Könnte ein IBM-System 370/125 mit Telprocessing auch Sie begeistern?

Bitte rufen Sie uns an (Frl. Dietzi).

Flabpanzer-Spezialisten

bzw. Leute, die es werden wollen, aufgenommen.

Rundschleifer

Automatendreher

(Décolleteur)

Für unsere **Produktionsabteilung** suchen wir einen tüchtigen

Ausmischer/Manipulanten

welcher Rohstoffe zu fertigen Aromen verarbeiten wird.

Lüftungszeichner

Wir suchen zu möglichst baldigem Eintritt

Klärwärter

zur Mitarbeit in der Kläranlage Regensdorf.

Wir bieten zeitgemässe Entlöhnung und grosszügige Sozialleistungen, Pensionskasse, Treueprämien, Dauerstelle.

Gerne erwarten wir Ihren telefonischen Anruf.

Verdrahter

Arbeitsvorbereiter

Interessenten, wel-

Kontaktberater/
Kontaktberaterin

Flachschleifer

Systemplaner/
Systemanalytiker

Motoren-Wickler

Die Wahl

**Menschen machen Maschinen.
Mehr Menschen machen mehr Maschinen.
Weniger Menschen machen mehr Maschinen.
Weniger Menschen machen mehr Maschinen,
um mehr Mensch zu sein.
Mehr und mehr Menschen machen Maschinen,
um weniger und weniger Mensch zu sein.
Mehr und mehr Menschen machen Maschinen,
um mehr und mehr Maschine
und weniger Mensch zu sein.
Weniger Menschen machen mehr Maschinen,
um mehr Mensch
und weniger Maschine zu sein.**

Der Vorgesetzte spricht:

**„Man sollte diesen
vorlauten Angestellten
abstellen!"**

Der Unterstellte denkt:

**„Man sollte diesen
nachträgerischen Vorgesetzten
absetzen."**

**Der eine denkt, der andere spricht,
weil's der eine tun kann,
der andere nicht.**

●

Im Büro des Chefs:

**Der Vorgesetzte sitzt,
der Unterstellte steht.
Wer ist überlegen?**

●

**Angestellte Ansteller
Unterstellte Untersteller**

Herzen

Du wirst sie finden:
Die tausend und abertausend
gutherzig warmherzig weichherzigen
Goldherzen,
die das Herz auf dem rechten Fleck tragen.

Du wirst sie erfahren:
Die tausend und abertausend
herzlos hartherzigen
Unbarmherzigen, die ein Herz aus Stein haben.

Du wirst sie überall treffen:
Die Millionen und Abermillionen
Halbherzigen.

Und du wirst sie selten erleben:
Die hundert und aberhundert
Beherzten,
die den Hartherzigen,
den Halbherzigen,
auch den zu Weichherzigen
auf die Zehen treten.

Geld stinkt nicht!

Gut, aber warum seufzt man dann:
„Ach, hätt ich doch einen Geldscheißer?"
Warum bedauern die Eltern,
daß sie das Geld nicht in den Dreck
hinauswerfen können?
Warum gibt es Leute, die am Geld kleben
oder mit dem Hintern draufsitzen?
Warum sagt man: „Das sind stinkreiche Leute?"

●

Jemand setzt sich über die andern?
Ja, weil jemand darunter steht.

Und was geschieht,
wenn man beide umdreht?

Nichts.
Der eine hat des andern Platz eingenommen.
Entgegenkommen müßten sie sich,
entgegenkommen!

**Wenn einer auf dem hohen Roß sitzt,
ist ein andrer sein Steigbügelhalter gewesen
und ein dritter hat ihm in den Sattel geholfen.**

●

**Dürfen die Unfriedlichen
nicht zufrieden sein
mit der Friedfertigkeit
der Friedlichen?
Müßten darum die Friedlichen
nicht unzufriedener sein
mit dem Unfrieden,
den die Unfriedlichen säen?**

Hungerzonen

Hungrige hungern nicht einfach
nach Reis
und dürsten nach Milch,
sie sind ebenso
lernbegierig
freiheitshungrig
wissensdurstig
und anerkennungsbedürftig.

Die Armen dieser Welt
leiden nicht nur
an Arbeitsmangel
und Mittellosigkeit,
es mangelt ihnen mehr noch
an Selbstvertrauen
und Selbständigkeit,
weil sie
besitzlos
und machtlos sind.

Ein Weg

Einwegpackungen
Einwegtuben
Einwegflaschen
Einweggläser
Einwegbeutel
Einwegsäcke
Einwegdosen
Einwegbüchsen
Einwegschachteln
Einwegkisten

Einwegwelt?

●

Gemein: Gemein?

Gemeinwohl
Gemeinde
Gemeingut
Gemeinschaft
Gemeiner
Gemeinsamkeit
Gemeinnutzen
Gemeinwesen
Allgemeinheit
Gemeinbesitz

Gemein: Gemein?!!!

Viele Wörter für ein Wort: MENSCHEN

Ein Pfarrer sagt:
„In meiner Gemeinde leben 500 SEELEN."

Ein Lehrer sagt: „Ich hüte 35 SCHÄFCHEN."

Ein Vater sagt: „Ich habe fünf MÄULER zu füttern."

Ein Statistiker sagt:
„Auf jeden KOPF der Bevölkerung
kommen eineinhalb Personenwagen."

Ein Spaziergänger sagt:
„Ich habe im Wald kein BEIN angetroffen."

Ein Kinobesitzer sagt:
„In der Nachmittagsvorstellung
hätten noch 200 STÜCK Platz gehabt."

MENSCHEN – ein Wort für viele Wörter

**Sie laufen blind dem erstbesten Leithammel nach,
vorn, hinten und mitten in der Herde,
diese ... Menschen.**

**Sie warten nur,
bis einer ihrer Feinde eine Schwäche zeigt,
dann fallen sie über in her und reißen ihn in Stücke,
diese ... Menschen.**

**Sie haben sich nicht geändert:
kuschen sich, winseln vor einem Herrn
und lassen sich an die Leine nehmen,
diese ... Menschen.**

**Sie verschmutzen die Gewässer, daß sie stinken,
verpesten die Luft,
übersäen die Erde mit Unrat,
diese ... Menschen.**

Gehen? Weitergehen? Nicht weitergehen?
Heutzutage fährt man doch!
Also: so wird nicht fortgefahren.
Wir fahren nicht weiter. So nicht.

Fortfahren? Weiterfahren?
Heutzutage fliegt man doch!
Aber die ganze Erde auffliegen lassen,
das wollen wir nicht.

Das kann doch nicht immer so weitergehen?

Das kann doch nicht immer so weite
s kann doch nicht immer so weite
kann doch nicht immer so weite
ann doch nicht immer so weite
nn doch nicht immer so weite
n doch nicht immer so weite
n doch nicht immer so weite
doch nicht immer so weite
h nicht immer so weite
mmer so weite
er so weite
so weite
o weite
weite
so
er
iter
weiter
geht
so weiter
kann
immer
geht
weiter
aber
immer
so
aber
immer so weiter
aber
weiter
weiter
nicht
geht
so
weiter
aber
immer

ehen Es geht aber immer so weiter
ehen Es geht aber immer so weiter
ehen Es geht aber immer so weit
ehen Es geht aber immer so w
ehen Es geht aber immer so
ehen Es geht aber immer
ehen Es geht aber imme
ehen Es geht aber im
ehen Es geht aber i
ehen Es geht a
ehen Es geh
ehen Es g
ehen Es
ehen E

weiter

so

immer **doch** **immer**
so
s geht abe
immer **so**
nmer **weiter**
immer **doch** **weiter** **so**
weite **eht**
immer **kann** **r so** **nicht**

Achtung: *

Ich mache dir jetzt ein X für ein U vor:

Ein Landwirt hexte,
als das Pferd plötzlich schexte,
was ihn gar nicht erfrexte.
Jetzt mußt du halt schaxen,
den Vers umzubaxen.
Sei aber schlax
und mach es genax!

Merke:
Es gibt Menschen, die es tatsächlich aus dem FF verstehen, dir von A bis Z ein X für ein U vorzumachen. Deshalb soll es dein A und O sein, das ABC gut zu kennen.

Lauträtsel *

.RUSS ist höflich.
.REIS ist alt.
Halt dich am .RIFF
Iß die .ERSTE!
.EIFER rinnt.
.ABEL sticht.
Ja, da stimmt doch was nicht!
Trotzköpfe .ROLLEN.
Ledermacher .ERBEN.
.ROSSARTIG ist das Leben?
.LAUBEN macht selig?
Kühe .RASTEN.
Eisläufer .LITTEN.
Ach, da ist vorn etwas ab-g-g-g-geschnitten!

Kleinkindertragödie

(Aus vergangener Zeit)
Ging in Matsche.
Trat in Patsche:
Platsche, Platsche.
Kriegte Watsche:
Klitsche, Klatsche.

Mach es selbst fertig!

Ost – Ast
Nocken – Nacken
zogen – zagen
Wogen – Wagen
Roben – Raben
Föhnchen – Fähnchen
Bürgerwohlkosten – Bürgerwahlkasten
Horte Locher! – Harte Lacher
knollige Motten – ....
schnorrender Boß – ....
Rosthäuser – ....
Krönchen – ....
loben – ......
Sohne – .....
bocken – ......
hocken – .....
Wonne – .....
Omen – ....

Sportnachricht

In Sun Valley fanden die Amerikanischen Slalommeisterschaften statt, und ausgerechnet Stan, der immer spottete, weil Phil viel fiel, fiel viel.

Seifenblasen

(Großvater erklärt seinem Enkel, wie man Seifenblasen macht; der sehr kleine Enkel sagt dazu, was er schon sagen kann.)

»Man taucht das Röhrchen in Seifenschnee.«
»Eee?«
»Man bläst, bis die Blase groß wird, schau, das geht so!«
»Oooo!«
»Dann löst sie sich. Da fliegt sie ja!«
»Aaaa!«
»Der Wind rüttelt und schüttelt an ihr, und wie!«
»Iiii!«
»Sie lebt nicht lange und platzt im Nu.«
»Uuuhuhuhuhu!«

Hier geht es um Laute, Leute!

Such nicht nach einem tieferen Sinn, Senn!
Öffne diese Tür, Tor!
Nein, nicht diese, die da, du!
Mach nach dem Essen einen Schlummer, schlimmer Schlemmer!
Würdest du auf dein Gepaffe verzichten, würdest du reicher, Raucher!
Ich bewundere jeden, der an diesem abgelegenen Hort hart harrt, Hirt.
Du bist mir noch ein Wort wert, wart Wirt!
Hier soll ich bleiben? Am kältesten aller Meere? An diesem bösen Bisenbusen, Basen?
Du wirst Weltmeister im Ping-Pong, Pong-Peng-Pang.

Liebesode an ein O

O du, du O!
O du, o O!
O, o du!
Du! Du! O O!
O Otto!
O Rocco!
O Vollmond!
O Polotor!
O Kompottopf!
O Dorfkomplott!
O Dochtmonopol![1]
O Monochromfoto![2]
O Motorbootrotor![3]
O Bonbon-Bon!
O Sporttotokonto!
O Rokokokokokotto – äh – kokott – e![4]
»Verräter!«

1 Monopol = Alleinanspruch
2 = einfarbig
3 = kreisender Maschinenteil
4 = Liebhaberin vieler Männer

L.E.S. (Lettern-Einsetz-Spiel) *

Nehmt einen Würfel, würfelt reihum. Eine gerade Zahl bedeutet Pech: Sie gilt nichts. Für die 1 dürft ihr ein S einsetzen, für die 3 ein L, für die 5 ein E. Wer untenstehende Wörter zuerst gesetzt hat, ist Gewinner. Die Wörter müssen *senkrecht* gelesen werden.

5	3	1	1	5	5	1	5	3
1	5	5	5	1	3	5	3	5
5	1	5	1	1	1	5	3	5
3	5	3	1	5	5		5	
		5	5					
			3					

Mach es selbst fertig! *

Wieviele gibt's, die wichtig waten!
Ich empfehle: richtig raten!

Raben machen keine Waben,
Rappen sammeln keine Wappen.

Rinden nehmen keine Rache,
Winden stehen niemals Wache.

Nach wie vor gibt's jedoch Retter
und überdies bei jedem W ..... .

Lauf nicht in den Wieselwegen,
besonders nicht bei R .....r..... .

Pfui, auf meinem Riesenranzen
hocken plötzlich ....

Runde Rädchen rollen, eilen,
.... heilen.

Die Kunst, aus wenig viel zu machen:

(Aus vier Lauten 4×4 Wörter zusammenzusetzen)

Retorte[1]	Teer
Toto	Tore
Otter	Retter
Rot	Reto
Terror	Tee
Tot	Otto
Rotte[2]	Rotor
Torte	Orte

Beitrag zu Rechtschreibung:

»Ist das ein greulicher Tag!«
»Ach, in dieser Jahreszeit sind die Tage immer gräulich!«

---

1 Apparat, der flüssige Stoffe trennt. 2 Gruppe

Klanggedicht

Mag i'
Magie?[1]

Mahamagie?

Maha
Haha
Mahagoni
Hahagoni?

Mahago
Mahago
Mahagogo
Mahagonimagie?[2]

Ha, Agonie![3]
Mahagoniagonie
Mahagonimagieagonie!

Grausames Drama am Fluß

»Hi-Hilfe!«
»Hä?«
»Hilfe!«
»Hä?«
»Hi ..«
»Hä?«
» – «

»Hä hä hä hä hä hä!«

Nach der Lottoausspielung

»Juhuhuhunderttausend Mark gewonnen!«
»Falsch geguckt! Fe-he-he-he-he-he-helanzeige!«

1 Magie: Zauberkunst. 2 Mahagoni: Dunkle Holzart. 3 Agonie: Todeskampf.

Aus Leibesleid wird Liebeslied *

Das Leibchen hat mich verlassen.
Oh, Leibchen, schön' Leibchen,
ich kann es nicht fassen.
Gingst auf und davon in jener Weise
und pfiffst noch, flatterhafte Meise!
Oh, Leibchen, das Ende vom Leid ist gekommen,
ich habe mir jene andre genommen:
Jene zarte, leibriechende Leise.

Schnelles Wachstum
(Aus dem Blickwinkel der Eltern)

Du hattest süße Rangen-Wangen.
(Wir hätten dich gerne so behalten.)

Du wurdest saurer Quengel-Bengel.
(Uns wuchsen langsam Sorgenfalten.)

Du gehörtest bald zum Klingel-Klüngel.
(Wir hätten dir gern das Rad weggenommen.)

Jetzt bist du im Ratter-Knatter-Schalter-Alter.
(Jetzt freun wir uns nur noch: Auf dein Nachhausekommen.)

Fremdwörter sind Glückssache!
Die folgenden Wörter stammen aus dem Französischen. Man spricht die Endung ›-age‹ asche (stimmhaft) aus. Zum Beispiel: Etage – Etasche.

Forderung

»Ich räum die Bagage
in dieser Garage
nur gegen Gage,
und zwar im Betrage
von 20 Mark!«

Wutanfall *

»Wo ist dieser Page?«
schrie der Kaiser in Rage,
»ich mach mal Massage
in seiner Visage!«[1]
Hach, diesem Pagen
verdank ich Blamagen!
Schwarz ist der Kragen,
verschmutzt die Gamagen,
und das schon seit Tagen!«

1 Visage = Gesicht

Der Unterschied

»Was sind Worte?«
»Nicht ganz dasselbe wie Wörter.«
»Erklärst du mir den Unterschied? Aber bitte nicht zu wortreich.«
»Gut. Sagt man: ›Jemand braucht gewinnende Wörter‹?«
»Nein, er braucht gewinnende Worte.«
»Sagt man: ›Das sind aber verletzende Wörter!‹«
»Nein, das sind verletzende Worte.«
»Also, nun kannst du den Unterschied selbst herausfinden.«
»Ja, Wörter .... nun, Wörter .. sind ohne Charakter, ohne Gefühl, ohne Zusammenhang zum Sprechenden. Worte hingegen sind immer bestimmt gemeinte, gute oder böse oder goldene oder die letzten Worte.«
»Buchstäblich!«

Mach es selbst fertig!

	SEN	BEN	HEN
RA	↓ ...	↓ ...	↓ ...[1]
LE	↓ ...	↓ ...	↓ ...[2]
NA	↓ ...	↓ ...	↓ ...
WE	↓ ...	↓ ...	↓ ...
WEI	↓ ...	↓ ...	↓ ...

1 Waagrechtes Rundholz für Segel. 2 Land, Hof, der nur verpachtet wurde

WORTSALAT

(Du nimmst 6 Wörter: Holz, Kunst, Harz, Tisch, Lack, Glanz. Du wirfst sie in einen Topf und rührst sie immer wieder von neuem kräftig durcheinander.)

Holzkunstharztischlackglanz
Kunstharztischlackglanzholz
Harztischlackglanzholzkunst
Tischlackglanzholzkunstharz
Lackglanzholzkunstharztisch
Glanzholzkunstharztischlack

(Seltsamerweise kann man sich immer etwas vorstellen.)

Mach es selbst fertig!

Man kann die Worte sparen, das heißt, nicht ganz sagen, was man denkt oder fühlt. Man kann aber auch mit Silben sparsam umgehen. Wenn du die folgenden Silben verdoppelst, entsteht ein Wort.

Ma	Pur
Ber	Tam
Pa	Tar
Bar	Mau[1]
Bon	Kus[2]
Po	Bla

1 Afrikanischer Stamm
2 Arabisches Gericht mit Schaffleisch und Hirse

Hereingelegt!

Mutter: »Komm her, ich muß noch ein Wörtchen reden mit dir!«

Kind: »Was heißt das?«

Mutter: »Das heißt soviel wie:
ein Hühnchen rupfen mit dir,
dich in den Senkel stellen,
dir die Meinung sagen,
dir ins Gewissen reden,
dir die Kappe waschen,
dir den Kopf zurecht setzen,
eine Rechnung begleichen mit dir!«

Kind: »Jetzt hast du aber das Wörtchen schon längstens geredet mit mir.
Ich geh jetzt wieder.«

Kleine Verwirrung

In einer Bier*bar* ....
in einer *Bier*bar trank ein *Bar*bier *Bar*bier ...
trank ein Bar*bier* Bar*bier* ....
trank ein Bar*bier* *Bar*bier.
Na endlich!

Laß dich nicht gehen!

(Wortschatzübung, aber mit Widersprüchen)

»Zum Donnerwetter, seid doch ein wenig phantasievoller! Für alles und jedes braucht ihr das Wort ›gehen‹! Das geht ja auf keine Kuhhaut mehr! Gehen, gehen, gehen! Die Augen gehn mir schon über davon! Daß ihr das Allerweltswort in der Umgangssprache braucht, geht mir schon wider den Strich. Aber daß in euern Aufsätzen auch noch jedermann jederzeit geht, geht entschieden zu weit und mir auf die Nerven! Warum läuft bei euch so wenig? Eine Maschine zum Beispiel läuft doch. Ein Apparat läuft und so weiter. Wie? Was fragt ihr da? Wie mein neues Auto laufe? Ach, es geht! Und was behauptet ihr da noch? Daß selbst Fische gingen? Der Delikatessenhändler habe gesagt, jetzt gingen die Heringe am besten? Da haben wir's ja! Sie *laufen* am besten, hätte er sagen müssen, der Einfallslose! Ja, ja, das ist wirklich nicht gehupft wie gesprungen. Unsere Sprache ist reich an Wörtern. Brauchen muß man sie nur! Ich will euch jetzt das an einem einfachen Beispiel beweisen. Man kann sagen:
Ein Pferd springt über einen Busch, oder es *setzt* über einen Busch.
Ein Hürdenläufer springt über die Hindernisse, oder er setzt über die Hindernisse.
Ein Kätzlein ist entsprungen, oder ein Kätzlein ist entsetzt.

Ach, da ist mir – na ja – etwas danebengegangen. Wartet bitte einen Augenblick, da ... es gibt noch bessere Beispiele:
Ein Geher wurde im zweiten Vorlauf aus dem Rennen genommen, weil er in Trab gefallen war.

Der neue Gangläufer sprach zu seinem Vorgänger, der eben aufgerollt wurde: ›Gut, daß man dir den Laufpaß gibt, sonst würde ich jetzt nicht dein Nachfahre!‹«

»Dieser Flußlauf hat doch sonst keinen Wellengang!«
»Ja, vielleicht kommt er von einer Springflut.«

Die Mutter fragt: »Was ist das für ein Auflauf in meiner Küche?«
»Frag du noch«, sagen die Kinder, »du hast ihn im Ofen anbrennen lassen.«

Ein Kind ärgert sich: »Mich hält man in dieser Familie so wenig auf dem Laufenden wie ein König das Volk!«
»Das ist aber ein hinkender Vergleich!«
»Für euch vielleicht, ja, aber für mich ist das der springende Punkt.«

Einen neuen Geh-
rock, dazu Geh-
hosen und neues Geh-
werk kann ich mir
mit meinem Geh-
alt nicht mehr leisten![1]

1 Ge-halt = Lohn

Bitte?
Da sei etwas falsch? Tatsächlich! Da seht ihr nur, wies geht, wenn man zuviel geht. Es sei denn, man könne ein hübsches Gedicht daraus machen:

Wie gehst du?
Gehst du an Ort?
Oder im Krebsgang?
Gehst du manchmal zu weit?
Gehst du Schritt für Schritt?
Mit dem Kopf durch die Wand?
Durch dick und dünn?
Gehst du mit der Zeit?
Gehst du mutig voraus?
Allein, mit vielen?
Und dies vor allem:
Gehst du aufrecht?
Dann lauf recht!

Und hier zum Abschluß der Übung noch ein schöneres Gedicht:

Ich ging im Walde nicht für mich hin,
hatte vielmehr die Lust,
im Walde hinter mir herzugehn
und fragte mich,
wer denn der,
der da vor mir ging,
nun eigentlich wär.
Da blieb er plötzlich stehn
und sprach: Die Antwort

auf deine Frage
ist wirklich nicht schwer.
Ich bin einer,
den hast du noch nie von hinten gesehn.

»Und das soll ein schönes Gedicht sein? Dieser Blödsinn? Man darf sich doch nicht so gehen lassen!«
»Warum nicht? Gängiges geht!«
»Nun, dann sollte man sich davon nicht gängeln lassen!«[2]

2 gängeln = jemanden erwischen, verlocken

Peinlich

Als ein alter Pförtner das Schloß schloß,
ein Rennfahrer um einen Rang rang,
auf den Meereswogen ein Schwamm schwamm,
von der Kirche ein klagender Klang klang –

Als ein Jäger vom Baum ein Schoß schoß,
sich ein Ohrwurm entlang der Wand wand,
die Schießbudendame im Stand stand,
ein Mädchen ums Haar ein Band band,

wußte ein Leiterleiter
fortgeschrittener Reimerkurse
aufeinmal nicht mehr weiter.

Stimmt's?

Wenn im Herbste Fliegen fliegen, fliegen Fliegen nicht mehr lange.
Jene, welche Haben haben, haben Haben gut versichert.
Der Bauer hängt die Hakenhacken abends an die Hackenhaken.
Zupf die beiden Seitensaiten, nicht oben, an den Saitenseiten.

Das ist vielleicht eine Schau! *

Wenn du einen sehr langen Holzstiel mit einem Metallblatt hast, ist das eine Schau

Wenn an einem Baum zwei lange Seile mit einem Sitzbrett hängen, ist das eine Schau

Wenn jemand von blutrünstigen Gespenstern und Vampiren erzählt, ist das eine Schau

Wenn du hinter dickem Glas eine leblose, bekleidete Frau siehst, ist das eine Schau

Wenn du ohne Zögern den Trick obiger Sätze findest, ist das tatsächlich eine Schau

Mach es selbst fertig!

Floh
Wasserfloh
Brunnenwasserfloh
Dorfbrunnen . . . .
Bauerndorf . . . .
Obst . . . .
Kern . . . .
Qualitäts . . . .
Qualitätskern . . . . wanderzirkus

Begeisterung und Enttäuschung eines Zuschauers während des 800-Meter-Laufes

Hopp hopp hopp hopp!
Hopphopp hopphopp hopphopp!
Hopphopphopphopphopphophopphopp!
Ho-opp ho-opp ho-opp!
Hopp   hopp!
Hopp.
Depp!

Ableitungen

(Was falsch ist, kannst du durchstreichen)

biegen – bog
wiegen – wog
liegen – log

trinken – trank
stinken – stank
blinken – blank

schlagen – schlug
tragen – trug
klagen – klug

dachte – denken
sachte – senken
lachte – lenken

ziehen – zog
fliehen – flog

lief – laufen
rief – raufen

greifen kommt von Griff
reifen kommt von Riff

sehen kommt von Sicht
wehen kommt von Wicht

Flug kommt von fliegen
Krug kommt von kriegen

Wille kommt von wollen
Rille kommt von Rollen

Staub kommt von stieben
Laub kommt von lieben

Schlinge kommt von schlingen
Klinge kommt von klingen

Ach kommt von ächzen
Krach kommt von krächzen

Akzente setzen *

»*Das* ist ein Leben!«
sagte ein Schwarzseher, der keine Hoffnung hatte, daß sich die Menschen zum Guten ändern würden.

»Das *ist* ein Leben!«
sagte ein Lebenskünstler, der selbst unglücklichen Ereignissen eine gute Seite abgewinnen konnte.

»Das ist *ein* Leben!«
sagte ein Genießer, der es jederzeit und bis zur letzten Lebensminute auskosten wollte.

»Das ist ein *Leben*!«
sagte ein wie neu Geborener, als er merkte, wie sehr er an ihm vorbeigelebt hatte.

Genauigkeit ist wichtig

»Wo wohnst du eigentlich?«
»Dort, schau, in diesem Haus da draußen.«
»Du meinst ja wohl: In diesem Haus da drinnen.«
»Ja, dann halt, natürlich, in diesem Haus da draußen drinnen.«

Zweifelhafter Ratschlag

Haupt,
Haupt hoch!
Und überhaupt:
Behaupte dich,
behaupte!
Behau,
hau!

Unabänderliche Tatsache

Man kann hin- und herlaufen,
hin- und herschreiten,
hin- und herhüpfen.

Aber: Hin- und herscheiden[1],
das kann man nicht.

1 hinscheiden = sterben

auf und ab und auf und ab und auf und ab und

und ab und auf und ab und auf

jemand geht hin und her und

hin und her, hin und her, hin und

PARDAUZ

hin und her und hin und her und

hin und her, hin und her, hin und

jemand geht auf und ab und

und auf und ab und auf und ab

Was ist schwarz und was ist weiß?

Weiß ist der Schnee, schneeweiß,
aber der Hauptstraße entlang bleibt er braun liegen,
die Sonne übersät ihn im Wald mit Goldkristallen,
in der Dämmerung wird er bläulich, dann blau.

Schwarz ist die Kohle, kohlschwarz,
aber im Licht schillert sie silbern,
wenn sie brennt, läuft sie rot an,
beim Verglühen zerfällt sie zu grauer Asche.

Schlechte Zeiten für Schwarz-Weiß-Maler[1].

1 Schwarz-Weiß-Maler sind Menschen, welche alles in zwei Haufen einteilen: In die Guten und die Bösen, die Dummen und die Gescheiten. Daß fast alle Menschen irgendwo zwischendrin liegen, sehen sie nicht.

Was ist hart und was ist weich?

Weich ist,
was sich verbiegen läßt:
ein empfindliches Gemüt,
ein erst wachsendes Vertrauen,
ein ungefestigtes Gewissen,
ein schwankender Sinn für Gerechtigkeit.

Und hart ist,
wer es darauf abgesehen hat,
einen schwankenden Sinn für Gerechtigkeit,
ein ungefestigtes Gewissen,
ein erst wachsendes Vertrauen,
ein empfindliches Gemüt
zu verbiegen.

Was ist hell und was ist dunkel?

Hell sind:
Das Lachen eines Kindes,
die Augen eines hübschen Mädchens,
die Haut eines weißen Burschen,
die Haare einer liebenden Mutter.

Dunkel sind:
Das Lachen eines Mannes,
die Augen eines hübschen Mädchens,
die Haut eines schwarzen Burschen,
die Haare einer zärtlichen Mutter.

Nicht alles, was dunkel ist, braucht finster zu sein.

Was ist lustig und was ist traurig? *

Als ich einem Clown zusah,
wär ich beinahe gestorben
vor Lachen.
Links neben mir,
da krümmte sich einer,
als ob er Höllenqualen litte,
der rechts neben mir,
war verzerrten Gesichts
sozusagen kurz vor dem Platzen.
Und vor mir
kollerten Kindern
Tränen über die Wangen.
Der Clown war himmeltraurig
über die eigenen Beine gestolpert
und heulte zum Steinerweichen.

Heimliche Gespräche

Was sagt das unrestaurierte, antike Schloß zum antiken, unrestaurierten[1] Schlüssel?
»Du kannst dich drehen und wenden, wie du willst, du rührst mich nicht.«
Und was sagt darauf der antike, unrestaurierte Schlüssel zum unrestaurierten, antiken Schloß?
»So? Warum bist du dann eben übergeschnappt?«
Und was antwortet dann das unrestaurierte, antike Schloß dem antiken unrestaurierten Schlüssel?
»Irrtum, *du* hast in diesem Augenblick durchgedreht.«

Was sagt der Tauchsieder zum Krug, in dem er das Wasser nach besten Kräften erhitzt?
»Ich hänge an dir.«

Sauer

Was sagt der pure Zitronensaft zu Lippen, Zunge und Gaumen, wenn er in den Mund gegossen wird?
»Nehmt euch gefälligst zusammen!«

1 restaurieren = wiederherstellen, ausbessern, auch auffrischen

Im Trödelladen

Die Grammophonplatte jammert: »Ich habe leider seit gestern einen Spr ich habe leider seit gestern einen Spr ich habe leider .....«
Ein Radio unterbricht sie tröstend:
»Schschchrrschschick dichchch drrrrein!«

Gutschriften

Unserem Lehrer
sind mehrere PLUSpunkte gutzuschreiben.
Er nimmt alle Kinder GLEICH ernst,
man darf bei ihm GETEILTER Meinung sein,
seine Gefühle erreichen nie MINUSgrade,
man muß nicht 1 MAL sitzen bleiben.

Feierabend

Was sagt die Zange zum Hammer, wenn sie abends wieder in die Werkzeugkiste zurückgelegt werden?
»Dem Geschrei nach zu schließen, hast du heute wieder einmal einem Hämmerer auf den Daumen gehauen.«
»Richtig«, sagt der Hammer, »wenigstens *du* hast jetzt den Nagel auf den Kopf getroffen.«

Gedenkstätte

Warum heißt ein Denkmal
Denkmal?
Denk mal!
Denk mal nach!

Zum Gedanken an jemand,
den wir sonst aus dem
Gedächtnis verlören?

Zum Gedenken an jemand,
der uns nachdenklich machen sollte,
weil vieles an ihm bedenklich war?
Zum Gedenken an jemand,
der mehr und besser nachgedacht hat
als wir?

Ungetauft

Kürzlich, auf der Autobahn
fuhr vor mir ein Cabriolet
mit dem Namen Adrian.
Fuhr hinter mir ein Limousinchen
mit dem Namen Clementinchen.
Mein Auto aber heißt seit Tagen:
Wagen.

Erbarmungswürdig

»Die arme Nähnadel hat es schwer!«
»Red doch nicht so strohdumm daher!«
»Ich bleibe aber dabei:
Du und ich, jedermann hat zwei,
nur sie hat bloß eins.«
»Was denn, du Tor?«
»Ein Ohr!«
»Aber sie hat ja *gar* keins,
sie hat bloß ein Öhr.«
»Und da sagst du noch, sie hätt' es nicht schwer!?«

Ungleiche Gleichungen

Mann + Frau = ein Paar
Mann + Frau = zwei Einsame
Mann + Frau = ein Herz und eine Seele
Mann + Frau = zwei Geschiedene
Mann + Frau = zwei Unzertrennliche
Mann + Frau = *ein* Machtkampf
Mann + Frau = zwei Unabhängige

In den Wind geschlagen

Siehst du das Mahnmal[1]
in deiner Stadt?
Die Mahnmale alle
in deinem Land?
Sie erinnern daran,
wieviel mal wir alle,
wieviele Male wir schon
vergeblich ermahnt worden sind.

Hab und Gut

»Die Kinder sind unser kostbarstes Gut[2]«,
schrieb einer in die Zeitung,
der den Kinderfreund spielte.

Hätte er geschrieben:
»Sie sind unser kostbarstes
Sperrgut,
Frachtgut,
Stückgut«,
hätte man gleich gewußt,
wie er fühlte.

1 Ähnlich wie Denkmal, erinnert an Katastrophen, die sich Menschen selbst eingebrockt haben. 2 Gut = Ware

Tot, toter, am totesten *

Der Roboter ist tot,
der Roboter ist tot!
Öl ist geflossen,
wer hat ihn erschossen?

Der Roboter ist tot,
der Roboter ist tot!
Ein Rohr ist gebrochen,
wer hat ihn erstochen?

Der Roboter ist tot,
der Roboter ist tot!
Kein Rädlein läuft,
wer hat ihn ersäuft?

Der Roboter ist tot,
der Roboter ist tot!
Er war nie krank
und nicht mehr genesen,
er ist immer tot, ist immer tot,
ist immer tot gewesen.

Verräterische Antwort

»Der Hampelmann!
Zieht ihn niemand am Schnürchen,
rührt er sich nicht
und lacht noch übers ganze Gesicht!

Zieht man aber am Schnürchen,
dann zappelt der Wicht,
lacht selbst jetzt übers ganze Gesicht!«

»Du ereiferst dich ja,
als ob's nicht nur solche gäbe aus Holz oder Pappe.«

»Psst! Muck nicht auf,
hock schön still
und halt deine Klappe!«

Nichts gegen Statistik

Die eine Hälfte der Menschheit bestehe aus Frühaufstehern und die andere Hälfte aus Langschläfern, habe ich in der Zeitung gelesen. Wenn ich nun diese Erkenntnis auf unsere fünfköpfige Familie übertrage, dann wären zum Beispiel $2^1/_2$ Menschen Langschläfer. Das stimmt ja genau!! Meine Frau und der jüngste Sohn schlafen gerne aus, und ich fühle mich nur als halber Mensch, bevor ich den Morgenkaffee getrunken habe.

Mit den Menschen darf man nicht rechnen, aber auf sie zählen sollte man können:

Angewandte Mathematik

4 × 1 = 4
1 × 4 = 4,
aber wenn vier Personen
ein Restaurant betreten,
sich einzeln an vier Tische absetzen,
ist das überhaupt nicht dasselbe,
wie wenn sich vier Menschen
um den einen Tisch versammeln.

Übungsrechnen

1 Schuh : 2 = 2 Halbschuhe
A × ia = Amalia
1 Bein + 1 Bein + 1 Bein = Dreibein – Sitzfläche
50 Tannen + 20 Eiben + 30 Föhren = 1 Nadelwald
50 Zeitungen + 20 Illustrierte + 30 Zeitschriften = 1 Blätterwald
1 »Halbschlauer« + 1 »Halbschlauer« = 2 Menschen[1]
1 Vielfraß + 1 Gewichtheber = 2 Doppelportionen Mann

1 Nur Viertelschlaue bezeichnen andere als halbschlau

Zahlreiche Fragen

*

Wer war der berühmte Albert 1tein?[1]

Was tut man, daß Ver2flungen vorübergehen?

Stimmt am Ende der Ratschlag: ›Schick dich 3n‹?

Um welche Zeit muß ein Re4jäger aufstehen?

Sollte die folgende Par5lasche etwa falsch geschrieben sein?

Hast du schon eine Gra6e gesehn?

Findest du das Wort Phanta7amsung fein?[2]

Sollten Schl8tiere um ihr Leben flehn?

Ist das Gegenteil von ›die Alten‹ immer ›die 9‹?

Und wieviele Füße haben zusammen 10 10?

1 Einstein = berühmter Physiker. 2 Benamsung = Namengebung

1tweilige Verfügung

»Macht ihr dies Jahr wieder ein Fest des W1?«

»K1«.

»Ist das der Entschluß des gesamten Ver1?«

»Ach wo, die Folge meines N1.«

»Und wessen Verdienst ist es, daß es nun ein Fest des Bieres gibt und des Eisb1?«[1]

»M1.«

»Und wessen Problem ist als Folge 1amer Entschlüsse jenes des Alleins1?«

»D1.«

»Ha, deine Bieridee ist also nur auf Grund irgendeines St1 im Brett irgendwelcher Leute oder auf Grund von Gem1amkeiten durchgekommen?«

»Weder noch, nur auf Grund eines unverdienten Schw1.«

1 Für Schweizer: Gnagi

Ein Haken ist überall

D A S   Q U A D R A T
I S T   A B S O L U T
S O   L A N G   W I E
B R E I T .   S E I N E
W I N K E L   S I N D
G L E I C H .   A L S O
I S T   D A S   Q U A -
D R A T   I N   D E N
F O R M E N   E B E N
M A E S S I G   U N D
D A R U M   V O L L K

Umgekehrt

Die Anteilnehmer
nehmen Anteil?

Sie geben,
sie geben,
sie geben sie doch,
ihre Anteilnahme!

Hausbesichtigung

Das blinde Küchenfenster blickt gegen Osten.
Das blinde Stubenfenster schaut gegen Süden.
Das blinde Badezimmerfenster schaut gegen Norden.
Schöne Aussichten!

Große Dürre

Der letzte Löwenzahn ist ausgefallen.
Die Königskerze ist niedergebrannt.
Den Rittersporn spornt niemand mehr an.
Der Spitzwegerich hat sich abgestumpft.
Der Augentrost steht untröstlich da.
Der Sauerklee ist total versauert.
Das Edelweiß ist längstens vergilbt.
Das Knabenkraut ist in Stunden um Jahre gealtert.
Die Butterblume schmilzt dahin.
Die Trauerweide weidet sich mehr und mehr.
Die Totentrompete bläst zum letzten Gericht[1].
Das Zittergras zittert.
Und die Pinie hat den Schirm zugemacht[2].

An ihren Früchten sollt ihr sie erkennen

An den Paradiesäpfeln die einen?
Am Adamsapfel die andern?
Ja, welche taube Nuß
hat euch da mit einem Brustbild aufgeklärt?

---

1 Pilzsorte
2 Südlicher Nadelbaum mit schirmförmiger Krone

Nach der Regenzeit

Der Wachholder erwacht als erster.
die Brennessel flackert auf.
Die Taubnessel wird hörend.
Der Hahnenfuß hüpft.
Das Schilfrohr röhrt vor Freude.
Der Pfifferling pfeift ein Lied.
Das Löwenmaul lacht übers ganze Gesicht.
Die Schwertlilie steckt das Schwert wieder ein.
Das Vergißmeinnicht erinnert sich.
Der Zwergbuchsbaum bäumt sich auf.
Die Wicke fühlt sich erquickt.
Die Kohlraben erzählen den Raben Kohl.
Und das Geißblatt entblättert sich
vor dem Ziegenbart.

Entwicklung

»Einmal müsen doch die Völkerstämme eine gemeinsame Wurzel gehabt haben.«
»Richtig. Aber dann verzweigten sie sich.«
»Und verästelten sich.«
»Und jetzt hält sich jeder für die Krone der Schöpfung.«
»Ja, *das* ist der Gipfel!«

Auf der Suche nach dem eigenen Wert *

Ein Klatschmohn
mischte sich unter
eine Runde von Klatschtanten,
denn er hielt sie für seine Verwandten
und erntete nichts als Spott und Hohn.

Da ging der Klatschmohn
mit Wurzel und Stiel
in ein Konzert,
das keinem gefiel,
und bewies hier am Ende
seinen besonderen Wert.

Stoßseufzer

»Unkraut verdirbt nicht!«
»Wem sagst du das?
Gerade gestern habe ich wieder von diesen Unkrautstielen essen müssen.«

Kinderwunsch

Wenn man von der Kokospalme
die großen, schweren Nüsse nimmt,
sie anzapft, löscht die Milch den Durst,
man fühlt sich sehr erfrischt, bestimmt.

Wenn sie leergetrunken sind,
bleibt das Fleisch, es füllt den Bauch,
und außen bleiben noch die Fasern,
man flicht sie zu Matten und braucht sie so auch.

Vorher, als man das Fleisch haben wollte,
wurde die Nuß in zwei Teile zersägt,
jetzt hat man hübsche, runde Schalen,
in die man dieses und jenes legt.

Jetzt bleiben noch die Blätter am Baum,
die werden geschickt zusammengesteckt,
kunstvoll längs und quer gelegt,
zuletzt ist's ein Dach, das die Hütte deckt.

Wenn die Palme alles gegeben hat,
Nuß für Nuß und Blatt um Blatt,
macht sie neue, schwankt lustig im Wind.

»So möcht ich auch werden«, sagte ein Kind.

Aus dem Verhalten der Tiere

Der Hamster hamstert.
Der Mauersegler segelt.
Die Wachtel wacht.
Die Libelle bellt.
Die Karausche[1] rauscht.
Die Krake krakeelt.
Der Rochen röchelt.
Die Bremse bremst.
Der Boxer boxt.
Der Büffel büffelt.
Das Känguruh ruht.

Lachs

»Was ist ein Lachs?«
»Nun, ein schöner, großer Fisch.«
»Irrtum: das Vorderteil von einer Lachsalve.«

1 – Fisch

Brehm wußte nicht alles

Das Maul des Fuchses nennt man Fang,
der Schwanz des Luchses ist sehr lang.

Der Aal ist arm und schwimmt an Ort,
der Wal ist warm und glaubt kein Wort.

Der Hammel liebt das Hornkampfspiel,
das Kammel hat ein m zuviel.

Beugungen:

Ku ich	Geiich	Kranich
Ku du	Geidu	Krandu
Ku er	Geier	Kraner

Kreuzungen

PUDEL
DELPHIN = PUDELPHIN
GNU
UHU = GNUHU

(Mach es selbst: Suche die beiden Tiere von jeder Kreuzung.)

Kuhu
Sperberberlöwe
Zebrabe
Eselefant
Forelleguan
Adlerche
Tukaninchen
Hasennenhund

Gereizte Stimmung *

»So war's: Ich und mein Dromedarling saßen in der Pelikantine auf unsern Gemsesseln vor einem schönen Stück Zebraten auf dem Wachteller, als dieser Paviangeber von einem Star mit seiner Meineidechse daherkam, mich beim Vorübergehen mit dem Gazellenbogen stieß, ohne Leopardon zu sagen. Mir kam die Nachtigalle hoch, und da warf ich ihm halt die ganze Alligatorte ins Gesicht. Man mußte die Fasanität holen.«

Vogelfabel

Ein Gimpel
stellte sich vor die Spiegelmeise,
guckte, gaffte, blinzelte,
drehte die Augen im Kreise,
weil sich kein Spiegelbild zeigte.
Enttäuscht erhob sich der Simpel
und zwitscherte in den Wind:
»Meisenspiegel sind offenbar blind.«

(Nicht alle Geschichten drehn sich zum Guten.
Einmal gaffte der Gimpel zu lang,
verfing sich in geleimten Ruten.
Denn da benützte ein Schläuling
die Spiegelmeise zum Gimpfelfang.)

Tierverwandschaften

Ein Antilopa fragte den Skorpionkel:
»Hast du meine Ziegenkel gesehen?«
»Nein«, sagte der, »nur ihre Lamamma.«

Feierlicher Gedichtvortrag

Der Löwe und die Maus ... äh ...
Die Möwe und die Maus ... nein!
Also:
Der Löwe und die Laus mauerten ... auch falsch.
Der Löwe und die Laus lauerten mit Mist ...
zum Teufel! mauerten mit Mist ...
ach!
lauerten mit List ...
ja, doch, ja!
Der Löwe und die Laus lauerten mit List
und machten ... Quatsch,
Mist! Ich meine Mist wie Quatsch.
Nochmals von vorne:
Die-äh-der Löwe und die Laus lauerten mit List
und lachten ... halt!
Lachten kommt doch erst später!
Der Löwe und die Laus lauerten mit List
auf einen Mord ...
lauerten mit Mist auf einen Lord ...
mauerten mit List auf einen Lord und dachten ... äh --
und lachten ... och ... und machten ... Die blöden Viecher! Ich geb's auf!

Katzenjammer

Auf leisen Sohlen gehen
und plötzlich die Krallen zeigen.

Um den Bart streichen
und unerwartet anfauchen.

Harmlos blinzeln
und dennoch auf der Lauer liegen.

Hundeleben *

Auf den Schwanz getreten werden,
um zu hören, ob man bellt.

Die Wurst vor die Nase gehalten bekommen,
um zu sehen, ob man wedelt.
Ins Freie hinausdürfen,
um an der kurzen Leine geführt zu werden.

Beruf verfehlt

Wäre gerne Bauer geworden,
habe aber nie Pferd gehabt,
habe nie Stier gehabt,
habe nie Ochs gehabt,
habe nie Kuh gehabt,
habe nie Kalb gehabt,
habe nie Schaf gehabt,
habe nie Ziege gehabt,
habe nie Zicklein gehabt,
habe nie Huhn gehabt,
habe nie Hahn gehabt,
habe nie Küken gehabt,
habe nie Gans gehabt,
habe nie Ente gehabt,
habe nie Truthahn gehabt,
habe nie Ferkel gehabt,
habe nie Schwein gehabt,
ja, habe nie Schwein gehabt.

Alte Geschichte

»Ahasver geht wieder um[1].«
»Aha.«
»Man sagt, es sei eine Strafe, daß er nie zur Ruhe komme.«
»Aaaaha!«
»Vielleicht gefällt es ihm aber nur nirgends gut genug.«
»Ha!«
»Bis er eines Tages auf den Bahamas gewesen ist.«
»Ahaaa?«

Treffpunkt Hotel

In einem westeuropäischen Hotel trafen sich zwei Osteuropäer. »So, sind Sie auch westwärts gereist?« fragte der erste. »Nein«, sagte der zweite, »ich bin ostwärts gereist und gereist und gereist.«

1 Sagengestalt: ruhelos umherirrender Mensch

Eines Morgens

Ein Flugzeug,
das auf einen Flugplatz niederging.

Bierfuhren,
die im Dunst verschwammen.

Ein Meisterschwimmer
flog förmlich übers Wasser.

Ein Fußgänger
fuhr erschrocken zusammen.

Ein Torsteher,
der verzweifelt am Boden lag.

Ein Vorsitzender,
der sagte, er fühle sich aufgestellt.

Einer meiner Anlieger
saß vor dem Haus.

Auf dem Kopf, auf dem Kopf,
auf dem Kopf stand die Welt!

Seltsame Begeisterung eines Berggängers

Der Anblick des Berges,
mitten in der Ebene:
Erhebend!
Der steile Aufstieg
zum Gipfel:
Atemberaubend!

Oben der steife, scharfe Wind,
am Rande des Abgrundes:
Beinahe schon mitreißend!

Der allzu rasche Abstieg
über lockere Geröllhalden:
Umwerfend!

Das Gefühl am Ende
der langen, schweren Bergtour:
Herzbewegend!

Nicht gepachtet

Man spricht:
Vom Land, wo die Zitronen blühn,
vom Land, wo Milch und Honig fließt,
vom Land der unbegrenzten Möglichkeiten,
vom Land der Schulen und Kasernen.
Aber auch vor Kasernen können Zitronen blühn,
auch wo Milch und Honig fließt, gibt's Schulen,
und unbegrenzte Möglichkeiten gibt's überall.

Typisch Schweiz?

Du denkst:
Am Ende der langezogenen,
vornehm angelegten,
peinlich saubern,
sorgsam gepflegten Allee
steht ein Schloß?
Das träumst du nur!

Du denkst:
Am Ende der langgezogenen,
vornehm angelegten,
peinlich saubern,
sorgsam gepflegten Allee
steht eine Staatsresidenz?
Ach, keine Spur!

Am Ende der langgezogenen,
vornehm angelegten,
peinlich saubern,
sorgsam gepflegten Allee
steht ein Schallee[1],
und drin hängt Schalleekuckucksuhr
an Schalleekuckucksuhr,
welche Fremde als Andenken kaufen.

1 »Schallee«, schreibt man richtig »Châlet«; es ist ein Holzhaus, das in der Schweiz häufig anzutreffen ist, aber so wenig über die Schweiz aussagt, wie Edamer Käse über Holland oder das Sauerkraut über Deutschland.

Weltberühmt

PANAM ANAL
PANAM ANAL
PANAM ANAL
PANAM ANAL
PANAM ANAL
PANAM ANAL
PANAM ANAL
PANAM ANAL
PANAM ANAL
PANAM ANAL
PANAM ANAL
PANAM ANAL
PANAM ANAL
PANAM ANAL
PANAM ANAL
PANAMA NAL
PANAMAK AL
PANAMAKA L
PANAMAK AL
PANAMA NAL
PANAM ANAL
PANAM ANAL
PANAM ANAL
PANAM ANAL
PANAM ANAL
PANAM ANAL
PANAM ANAL
PANAM ANAL
PANAM ANAL
PANAM ANAL
PANAM ANAL
PANAM ANAL
PANAM ANAL

Zwischen Himmel und Erde *

Einem Freund von mir
hängt der Himmel voller Geigen.

Mein liebster Bruder
trägt den Kopf in den Wolken.

Meine Bekannten
bauen Luftschloß um Luftschloß.

Nur ich
stehe mit beiden Beinen
fest auf der Erde,
und schlage mir
die rauhen Winde um die Ohren.

Unglücklich bin ich deswegen nicht.

Lieber nicht!

Ich habe von einem Land gehört,
da sollen die Meister vom Himmel fallen.
Soll ich nun dorthin ziehen,
gleich jetzt
und so schnell mich die Beine tragen?
Ich laß das hübsch bleiben,
sonst werde ich noch
von einem fallenden Meister erschlagen.

Berechtigter Stolz?

Der Engländer
darf stolz sein auf sich,
denn »Mann« heißt in seiner Sprache
soviel wie Mensch:
MAN

Der Franzose
darf stolz sein auf sich,
denn »Mann« heißt in seiner Sprache
soviel wie Mensch:
HOMME

Der Italiener
darf stolz sein auf sich,
denn »Mann« heißt in seiner Sprache
soviel wie Mensch:
UOMO

Der Deutsche
darf stolz sein,
darf stolz sein auf sich
und seine Sprache,
denn Mann ist Mann
und Frau ist Frau
und MENSCH gilt für beide.

Gedanken beim Anblick des Globus'

Wenn man den Globus betrachtet,
könnte man denken:
Er ist eine Kugel,
es sollte doch alles schön rundlaufen darauf.

Wenn man den Globus betrachtet,
könnte man ebenso logisch denken:
Seine Achse steht schief,
ist deshalb so vieles schief gelaufen?

Was kann *er* denn dafür?
Für alles Verbogne und Krumme
müssen seine Bewohner,
seine Besiedler geradestehn.

Zweierlei Bewegungen

Wieviele stehende Heere
gibt es auf dieser Erde?
Und sie bewegt sich doch.

Wie oft sind auf ihr
schon Waffenstillstände geschlossen worden?
Und sie bewegt sich doch.

Wieviele Stellungen,
wieviele Standgerichte
könnten stillgelegt werden?
Und sie würde sich dennoch bewegen.

Bewegt uns das wohl zu wenig?

Tonleiter

Ich spiele die ManDOline, eine Oktave höher
Ich bin TIrigent, kann aber nicht gut schreiben
Ich spiele die VioLA
Ich spiele die SOpranflöte
Ich spiele das FAgott und zwar richtig
Ich spiele das MIgott, leider etwas zu tief
Ich spiele die GitarRE
Ich spiele die ManDOline

Ansichtssache

Wenn ein Verhafteter am Ende des Verhörs seine Untat gesteht und die Namen der Komplizen preisgibt, dann sagen diese: »Er hat uns verpfiffen.«
Der Kommissar, dem das Geständnis angenehm in den Ohren klang, sagt: »Er hat gesungen.«

Pop-Top

LED ZEPPELIN
fliegt durch deinen Halbschlaf.

DEEP PURPLE
jagt die Dämmerung fort.

PINK FLOYD
trommelt Licht und Schatten zusammen.

SANTANAS
reißen dich aus dem Bett hoch.

ROLLING STONES
bringen die Bürste im Zahnglas zum Tanzen.

WILD CHERRY
versüßt dein Frühstück.

Bist du bereit für dein Tagwerk?
YES!

Gesangsstunde

Lehrer: »AAAAA! Singen Sie's nach.«

Schüler: »AAAAA!«

Lehrer: »Und jetzt einen Ton höher, bitte.«

Schüler: »HaHaHaHaHa!«

Lehrer: »Was singen Sie denn da?«

Schüler: »Ha, Ha. Sie haben ja gesagt: Einen Ton höher. Das ist das Ha.«

Lehrer: »Darauf kommt's ja gar nicht an. Das A sagt man ...«

Schüler: »Gesagt hab ich ja nichts. Nur gesungen. Das ist schließlich keine Sprechstunde.«

Lehrer: »Also, dann sage ich halt: Das A singt man doch nur, weil es offen klingt, die Stimme frei macht. Das Ha Ha tönt ja wie ein Gelächter.«

Schüler: »Haben Sie was gegen das Lachen?«

Lehrer: »Nein, aber wie Sie selbst zutreffend gesagt haben ...«

Schüler: »... gesungen haben ...«

Lehrer: »... *gesagt* haben: Gesungen haben Sie Ha Ha, aber gesagt, das sei eine Singstunde.«

Schüler: »Ja, hätt ich etwas *singen* müssen, das sei eine Singstunde?«

Lehrer: »Sie bringen mich noch zur Verzweiflung. Ich will nichts mehr hören!«

Schüler: »Dann soll ich also tonlos singen. Wie ein Fisch?«

Lehrer: »Nein! Singen Sie endlich AAAAA und zwar, damit ich endlich meine Ruhe habe, auch auf dem Ton A!«

Schüler: »AAAAA!«
Lehrer: »Jetzt haben Sie das E gesungen.«
Schüler: »Nein, das A. Laut genug war's wohl, um das zu hören.«
Lehrer: »Ja doch, aber Sie haben das A auf der Höhe des E's gesungen.«
Schüler: »Wen meinen Sie mit dem Es?«
Lehrer: »Niemanden! E, E! Sie haben auf dem Ton E das A gesungen.«
Schüler: »Ja und? Eben haben Sie selbst behauptet, darauf komme es nicht an, wichtig sei, daß der Mund offen und die Stimme frei sei.«
Lehrer: »Bitte, passen Sie nochmals gut auf: Das A singt man, weil es den Ton gut trägt. Aber die Tonhöhe, welche ich Ihnen vorsinge, muß trotzdem stimmen.«
Schüler: »Folglich ist das hier eine Zielübungsstunde.«
Lehrer: »Meinetwegen! Sagen Sie dem, wie Sie wollen, aber singen Sie jetzt AAAAA, auf der Höhe des A's ...
Schüler: »Aas?«
Lehrer: »Singen Sie!«
Schüler: »Nein!«
Lehrer: »Was haben Sie denn nun wieder?«
Schüler: »Ein A mußte ich immer schon ausstoßen, wenn ich eine belegte Zunge und Stimme hatte und mir der Arzt in den Hals leuchtete. Ich habe aber keine belegte Stimme und Zunge.«

Lehrer: »Ich bin auch kein Arzt, und Sie sind nicht in der Sprechstunde!«
Schüler: »Genau das habe ich schon vor fünf Minuten zu Ihnen gesagt. Langsam beginne ich zu glauben, daß das die reinste Wiederholungsstunde ist.«
Lehrer: »Wenn Sie jetzt nicht sofort aufhören, werd ich verrückt, total verrückt!«
Schüler: »So? Das Gleiche hat merkwürdigerweise meine Familie schon gesagt, als ich zu Hause übte.«

Was zum guten Ton gehört:

Jemanden in den höchsten Tönen loben.
Im Gespräch den richtigen Ton treffen.
In einer Gesellschaft gute Stimmung verbreiten.
Bei Ungerechtigkeiten einen Wirbel machen.
Nicht nach jedermanns Geige tanzen.

Was nicht zum guten Ton gehört:

Immer die gleiche Leier vortragen.
Ständig den Bogen überspannen mit Ansprüchen an andere.
Geheimnisse ausposaunen.
Immer die erste Geige spielen wollen.

Was – je nachdem – zum guten Ton gehören kann, aber manchmal auch nicht:

Jemandem nach Noten die Meinung sagen.
Auf die Meinung der Leute pfeifen.
Mit seiner Ehrlichkeit andere verstimmen.

Zu ungenau

Es gibt eine Redensart:
›Mir läuten die Ohren,
es denkt jemand an mich.‹
Leider erfährt man nichts Genaueres:
ob es Sturmgeläut ist
oder liebliches Klingeln.

Empfindliches Musikgehör

Mutter: »Kind, gestern, als die Gäste da waren, habe ich eine Anspielung nach der anderen gemacht, gezwinkert, dich flehend angesehen, das Gespräch auf Klavierstunden gebracht, dich mit dem Ellbogen gestoßen, immer in der Hoffnung, du würdest uns etwas vorspielen. Warum hast du kein Musikgehör gehabt?«
»Wie soll ich so was Taktloses für Musik halten.«

Erster Vorschlag für einen Schlagertext

Ich denke immer nur
an dich,
an dich,
an dich.

Ich träume immer nur
von dir,
von dir,
von dir.

Ich lebe immer nur
für dich,
für dich,
für dich.

Ich denke immer nur an dich,
ich träume immer nur von dir,
ich lebe immer nur für dich:
Mein eigenes Spiegelbild.

Zweiter Vorschlag für einen Schlagertext

Wir werden niemals auseinandergehn.
Warum? Warum? Warum?

Wir taten niemals beieinanderstehn,
wir haben uns im Leben nie gesehen.
Darum! Darum! Darum!

Dritter Vorschlag für einen Schlagertext

Du, du, nur duhu allein
Amalia
Berta
Christine
Dora
Elsa
Fanny
Gaby
Hanna
Irene
Karla
Lina
Monika
Nana
Ottilie
Pauline
Quintana
Ruth
Susi
Tina
Ursina
Verena
Wilhelmine
Xantipia
Yvette
Zarah
sohollst das Ziel meiner Träume sein.

Das Gras wachsen hören

Hört das Gras wachsen,
die Wolken fahren,
die Schmetterlinge flattern!

Hört die leisen Töne,
damit euch niemand
für abgestumpft hält.

Hört die leisen Winke,
noch bevor jemand
mit dem Zaunpfahl anrückt.

Hört den leisen Verdacht
im Unterton einer Frage,
dann seid ihr gewappnet.

Hört die Schweigsamen grollen,
die Stillen aufbegehren,
die Stummen schreien.

Erwachen

Ein Kind wusch den Hals
als
es sah, daß sein Atem den Spiegel beschlug,
näßte seinen Finger
und zeichnete flink
in den Atembelag
einen Mund
und
setzte ihm Pferdezähne ein,
griff zu Bürste und Paste,
putzte damit die Pferdezähne;
es entstand ein neuer Fleck,
der ein Kopf werden wollte,
den das Kind mit Augen
aus Vaters Rasierkremtube versah
und ihn gleich wieder wegwischte,
denn es hielt nun selber
Maulaffen feil,
weil
das wirkliche, echte Gesicht
den Vorzug der Beweglichkeit hatte,
die einmal ganz durchgespielt
werden mußte,
vom Runzeln und Glätten der Stirne
bis zum Wackeln der Ohren,
welche das Kind an die Mutter erinnerten,
die – bereits zum zehnten Mal nach ihm schrie.

Erfahrung

Fritz kauft einen Kaugummi,
Franz kauft deren zehn.
Die Verkäuferin sagt zu Fritz: »Na, da!«
und zu Franz: »Dank schön, auf Wiedersehn!«

Dankbarkeit

Jochen hatte einen Freund,
der hat ihm das Fahrrad geflickt,
bekam schmierige, ölige Hände davon
Jochen hat sie herzlich gedrückt.

Man muß sich zu helfen wissen

Wie hat der kleine Balthasar
die Furcht vor dem großen Vater verloren?
Er saß auf seinen Schultern
und zügelte ihn an den Ohren.

Beschwörung

Aba
Rhaba

Aba
Rhaba

Habar
Habarbe
Habarber
Babarberbarber

Barber
Barkom
Barberkom
Rhaberkom
Rhaberpott
Rhaberpottkom

Aberko
Berko
Aberkom
Aberkomp

Kompo
Ompo
Pott

(Diese Zauberformel hilft zum Beispiel bei Bauchweh nach Rhabarberkompott)

Hansentag

Eines Tages geschah es,
daß sich die Hansen zusammentaten:
Hans Guck in die Luft ließ den Kopf hängen,
Großhans duckte sich,
Hanswurst macht ein ernstes Gesicht.
Unglücklich stand Hans im Glück herum,
Hansdampf in allen Gassen saß still,
und Prahlhans sagte kleinlaut:
»So wär'n wir ja wohl noch schlimmer, nicht?«

Kraftprobe auf dem Pausenplatz

Wenn ihr Kleinen, Schwachen
euch untereinander in den Ohren,
euch gegenseitig auf dem Magen
und schließlich in den Haaren liegt,
tanzen euch die Großen, Starken
erst recht auf der Nase herum.

Schlußfolgerung

Also, du schreibst die Hausaufgaben,
und ich versuche,
dich mit Faxen und Witzen
davon abzuhalten.
Aber ich kann es versuchen,
so lange ich will,
es nützt alles nichts?

Du putzest die Schuhe,
und ich probiere,
dich mit vorgehaltenem Ball
und dem Rascheln eines Drachens
auf die Wiese zu locken,
aber du bleibst dabei,
und es nützt alles nichts?

Du sitzest aufrecht am Tisch,
issest bestens erzogen,
und ich gebe dir
unter dem Tisch hindurch
mit meinem linken Schuh
eins an dein rechtes Schienbein
und mit dem rechten Schuh
eins ans linke Schienbein.
Aber du bleibst ruhig sitzen,
und es nützt alles nichts?

Ja, dann bist du ja der reinste Nichtsnutz!

Einfache Rechnung

Drei Drachen gehören
dem einen Knaben.
Und dort sind drei Buben,
die einen haben.
Jetzt kannst du die Rechnung
selber machen.
Es sind vier Buben
und gleich viele Drachen.

Noch einfachere Rechnung

»Komm, wir tun uns zusammen!«
sagte Peter zu Paul,
»du hast ein großes Kuchenstück
und ich ein hungriges Maul.«

Angst vor der Entfernung

Zwei Kinder
saßen Rücken an Rücken
auf zwei Stühlen,
sie spielten Telefonieren.
Es war zwar verboten, sich anzublicken,
aber sie konnten sich spüren.

Beobachtung

Ein Knabe,
man hält ihn nicht für normal,
stottert und stammelt, besonders dann,
wenn er mit Erwachsenen redet,
ihm zuzuhören ist eine Qual.
Doch wenn er mit der Katze spricht,
die auf seinem Schoße liegt,
schmeichelt und schnurrt, sich an ihn schmiegt,
dann stottert er nicht.

Verständliches Gefühl

Ein Vater hatte drei Kinder,
sie hießen Hans und Heinz und Babette,
er sagte dem ersten »der Kleine«,
dem zweiten »der Faule«,
der dritten »die Fette«.
Sie kamen sich wie Dosen vor
mit einer Etikette.

Freundschaften

»Könntest du notfalls
das letzte Hemd vom Leib weggeben?
Dich eher in Stücke reißen lassen,
als ein Geheimnis verraten?
Lieber schwarz werden,
als jemanden im Stich lassen?
Pferde stehlen oder durchs Feuer gehen?«
»Ja.«
»Auch für mich?«
»Ja.«
»Dann bist du mein Freund.«

»Und du? Könntest du notfalls verzeihen?«
»Es kommt drauf an, was.«
»Daß ich vielleicht einmal nicht das letzte Hemd hergebe,
mich nicht immer in Stücke reißen lasse,
ausnahmsweise nicht schwarz werden will,
nicht in jedem Fall Pferde stehle oder durchs Feuer gehe?«
»Ja.«
»Dann bist auch du mein Freund.«

Der kleine Unterschied

(Folge allen möglichen Wegen auf dem Diagramm, dann weißt du, wie die Mädchen und wie die Jungen sind.)

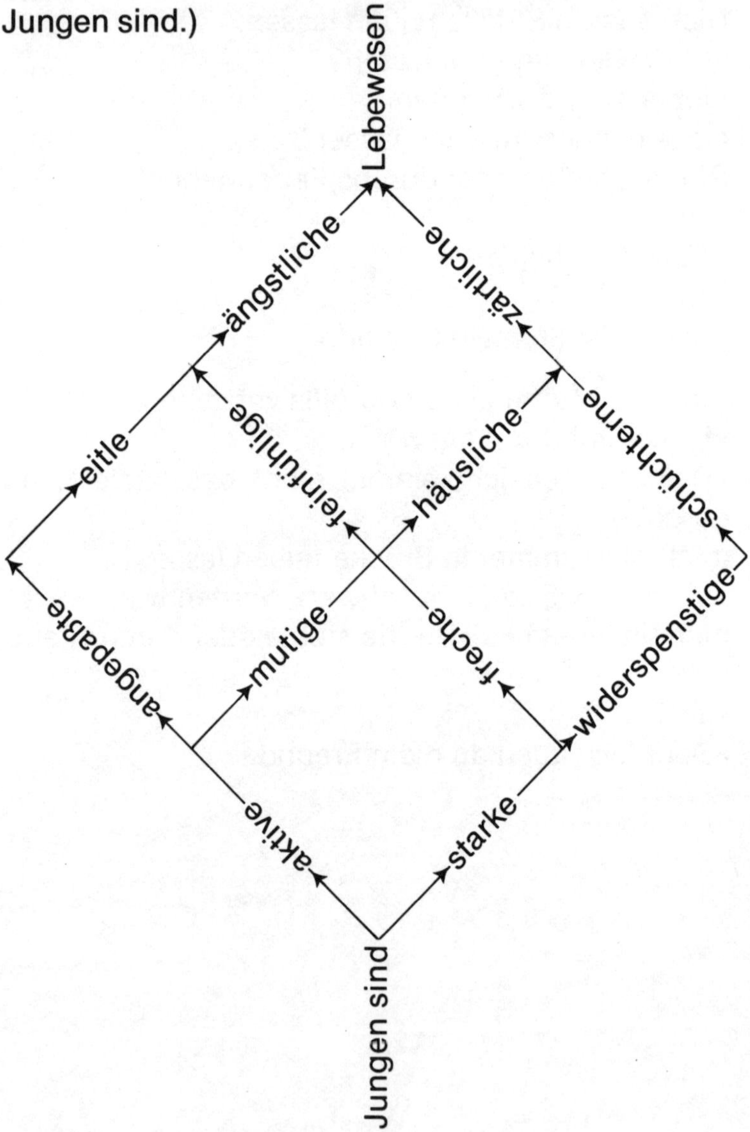

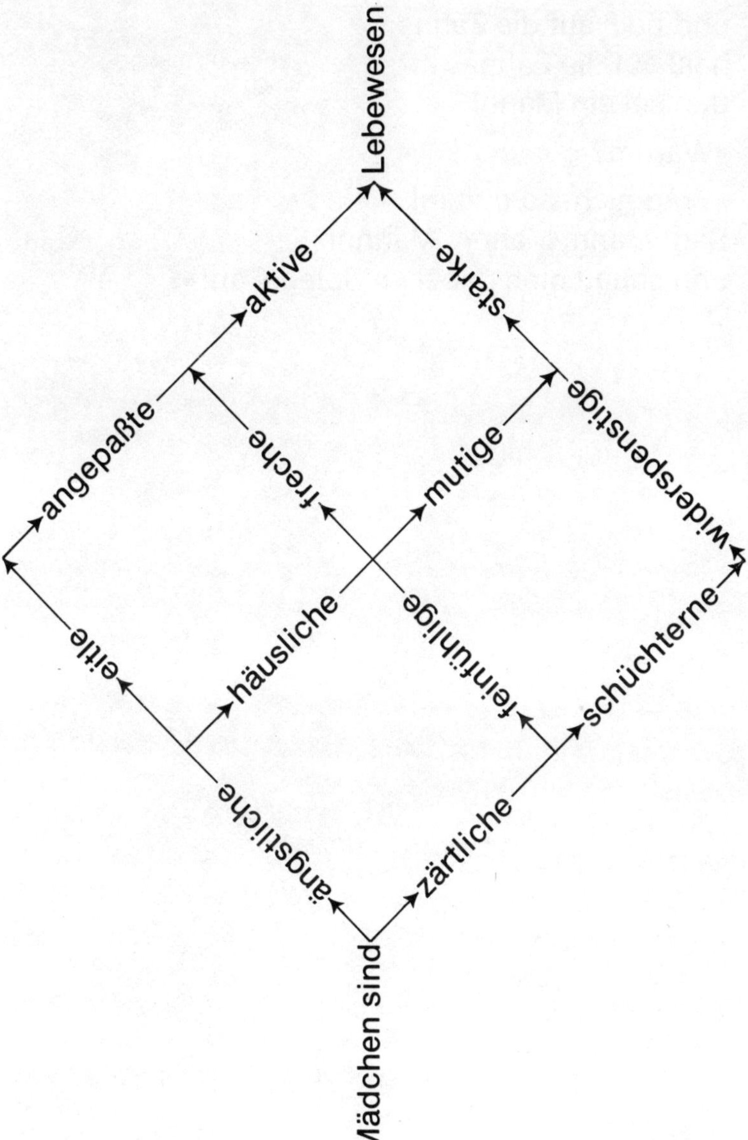
Mädchen sind
ängstliche
zärtliche
eitle
häusliche
feinfühlige
schüchterne
angepaßte
freche
mutige
widerspenstige
aktive
starke
Lebewesen

Sichtbare Logik

»Junge,
sei ein Mann
und beiß auf die Zähne,
beiß auf die Zähne
und sei ein Mann!«

»Warum?«

»Frag nicht so dumm!
Sag: Mann, Mannn, Mannnn
und schau dich dabei im Spiegel an!«

Du bist immer ›in‹ *

Mädchen,
wenn überall Leute fehlen,
bist du ›in‹:
Du wirst
Lehrerin,
Pilotin,
Managerin.

Wenn überall Arbeit fehlt,
bist du als Erste wieder ›in‹:
Du wirst
Kurzarbeiterin,
Stellensucherin,
Stemplerin.

Aus den Kinderschuhen herausgewachsen

Nein,
deine Talente sind dir nicht[1]
in die Wiege gelegt worden,
man hat dich in eine Tragtasche gebettet,
die auf den Rücksitz des P.W.'s paßte.

Nein,
dein fester Charakter[2]
ist dir nicht schon mit der Muttermilch
eingeflößt worden,
du bist von der ersten Stunde an
ein Flaschenkind gewesen.

Ja,
du bist ein Kind dieser Zeit
und hast dir deine Talente
und deinen Charakter
erst mühsam erwerben müssen –
wie alle Kinder, die vor dir lebten.

1 Talente = Begabungen
2 Charakter: Eigenschaften, nach denen der Mensch beurteilt wird, wie Ehrlichkeit, Liebesfähigkeit, Offenheit und so weiter.

Vom Menschen und seinen Teilen

»Schönaugenmacher!«
»Kratzfußmacher!«[1]
»Muskelprotz!«
»Knochengestell!«
»Großmaul!«
»Haarspalter!«
»Hochnäsiger!«
»Schlitzohr!«[2]
»Ellbögler!«
»Daumendreher!«
»Hirnverbrannter!«
»Herzloser!«
»Doppelzüngiger!«[3]
»Magenverderber!«
»Jetzt reicht's aber!
Willst du wohl Fersengeld geben?«
»Hätte gerade noch gefehlt!
Heb gefälligst *deine* Beine auf!«

Feststellung

Dieser steifnackige Hasenfuß mit dem Schmerbauch hockt auf seinem Amtsarsch, hat überhaupt kein Rückgrat, und wenn ihm jemand Beine macht, entpuppt er sich als dickköpfiger Schreihals.

---

1 Kratzfuß = Bückling, Verbeugung. 2 Gauner. 3 Jemand, der vornherum anders redet als hintenherum

In den Ferien

»Also unser Zeitnachbar, dieser Meier, kann mir den Buckel runterrutschen! Seine ewigen Schnulzen aus dem Kofferradio hängen mir schon zu den Ohren heraus.«
»Ja, mir dreht's den Magen auch um. Dauernd liegt er auf der faulen Haut, nimmt die Platzordnung auf die leichte Schulter.«
»Das könnte allmählich ins Auge gehen. Den Kropf werd ich vor ihm leeren, daß er weiche Knie bekommt!«
»Und wenn nun dir das Herz in die Hosen fällt, während du ihm alles unter die Nase reibst?«
»Mit keiner Wimper werde ich zucken.«
»Da wird er aber schöne Stielaugen machen!«
»Wie soll er auch, mit diesem Brett vor dem Kopf!«

Liebeskummer

»Ist dir etwas übers Leberchen gekrochen?«
»Und wie! Als ich meine heißgeliebte Freundin umarmen wollte, hat sie mir die kalte Schulter gezeigt.«
»Warum hast du ihr dann das Herz nicht ausgeschüttet?«
»Hab Ich doch. Aber sie hat kein Aufhebens gemacht damit.«

Wo sich die Menschen doch überall verstecken!

DaMENSCHuh
Blumenschale
Armenschule
Riemenschnalle
Firmenschild
Samenschachtel
Daumenschraube[1]
Schelmenschicksal
Rahmenschaden
Pflaumenschüssel

(Und das bleibt übrig, wenn der Mensch weg ist:
Dauh, Bluale, Arule, Rienalle, Firild, Saachtel,
Schelicksal, Rahaden, Pflauüssel.)

Seltsamer Vorgang

Mein Freund sagte:
»Ich habe meinen Kopf total verloren!«
und setzte den Hut auf.

1 War einmal ein Folterinstrument

Mensch oder Ding?

(Oder Mensch *und* Ding?)

Der Hosenträger
das Frauenzimmer
der Ausleger
der Waschlappen
die Schachtel
der Korkenzieher
das Mannsbild
das Miststück
die Matte
der Türklopfer
der Holzklotz
der Wagenheber
der Büstenhalter

Tiere oder Menschen?

Polypen, Grünschnäbel, Backfische, Arbeitstiere, Kalmücken, Leithammel, Anschnauzer, Eiderenten, Dozenten, Pillendreher, Dompfaffen, Bergamotten, Strandläufer, Boxer.

Lebensweg *

Jemand sagte zu mir:
»Geh nur immer hübsch deiner Nase nach.«
Wahrscheinlich stand sie mir aber
schräg im Gesicht.
Ich kam vom Weg ab
und auf die schiefe Bahn.

Ich bin ganz schön heruntergekommen.
Aber ich spürte meinen Sturz
von unten nach oben.
Ich hatte auf zu großem Fuß gelebt.
Dann mußte ich
den Gürtel enger schnallen.
Und schließlich stand mir
das Wasser am Hals.

Endlich bin ich
über meinen eigenen Schatten gesprungen.
Jetzt ist er mir davongelaufen,
und ich komme mir verlassen vor.
Aber nun sagt niemand mehr:
»Du stehst mir vor der Sonne.«

Widerspruch *

Ein Mann war abends müd und schlapp,
sprach: »Bin ich denn eine Maschine?
Ich schalte jetzt einfach ab!«

Das Berufespiel

(Mach es selbst!)

Du brauchst zwei rote und zwei schwarze Würfel, weil du bis 12 Punkte würfeln mußt. Für den vordern Wortteil nimmst du die roten Würfel, für den hintern Wortteil die schwarzen Würfel. Beispiel: Haben die roten Würfel 11 Punkte und die schwarzen Würfel 5, ergibt das ›Nervengärtner‹.

2 Briefträger
3 Dachdecker
4 Tierforscher
5 Kindergärtner
6 Grenzwächter
7 Möbelschreiner
8 Spaßmacher
9 Holzhacker
10 Fußpfleger
11 Nervenarzt
12 Kettensprenger

(Mädchen hängen einfach ein -in an)

Lehren:

Tischler wirst du, wenn du viele Tische machst.
Schuster wirst du, wenn du viele Schuhe machst.
Maurer wirst du, wenn du viele Mauern machst.
Lehrer wirst du, wenn du viele Lehren machst.

Lebensläufe und Karrieren

Einkäsehoch
Zweikäsehoch
Dreikäsehoch
Vierkäsehoch
Fünfkäsehoch
Sechskäsehoch
Käsereibesitzer

Wiegenlieger
Nesträkler
Stubenhocker
Springinsfeld
Weltenbummler

Leisetreter[1]
Hinterhertrotter
Mitläufer[2]
Draufgänger

Zungenschnalzer
Schmalzlockenträger[3]
Schnulzensänger
Herzensschmelzer

Siebengscheiter
Neunmalkluger
Tausendsassa

Rockzipfelhänger
Anbändler[4]
Tuchfühler[5]
Bestricker[6]
Schürzenjäger

Berufskunde *

Jemand, der Schmetterlinge fängt, ist ein Schmetterlingsfänger.
Jemand, der Tiere fängt, ist ein Tierfänger.
Jemand, der Menschen fängt, ist ein – Schlangenfänger.

1 Jemand, der nie aufmuckt, Anpasser.
2 Jemand, der immer im großen Haufen mitrennt.
3 Pommadenlocke, die in die Stirne fällt.
4 Jemand, der eine Liebesbeziehung anknüpft.
5 Tuchfühlung aufnehmen = sich annähern.
6 Jemand, der mit schönen Augen und Worten andere umgarnt

Wenn die Liebe durch den Magen geht ...

... geht dann die Hasenliebe
durch den Fuchsmagen,

die Gazellenliebe
durch den Löwenmagen,

die Mausliebe
durch den Katzenmagen,

die Tierliebe
durch den Menschenmagen,

die Menschenliebe
durch den Kannibalenmagen?

»Wenn die Liebe durch den Magen geht«,
sagte eine Köchin,
»dann brate ich,
und siede ich
und schmore ich
und backe ich
und braue ich,
bis der Magen des Liebsten verdorben ist.
Geht es so mit der Liebe?«

»Nein«, sagte der Liebste,
»wenn die Liebe durch den Magen geht,
muß das Herz den Tisch decken,
muß die Seele die Speisen warm halten,
muß der Kopf den Schöpflöffel führen,
müssen alle sechs Sinne mithalten,
dann geht's anders mit der Liebe.«

Wenn die Liebe durch den Magen geht
und immer nur die Frauen kochen,
werden ja nur die Männer geliebt.

Doch, man darf

Mit dem Straßenbahnführer
darf man nicht reden.
Einsam, aufmerksam, stumm führt er
uns sicherer durch den Verkehr.

Mit dem Straßenbahnführer
darfst du doch reden.
Sag ihm, wenn der Tramzug hält,
zum Beispiel, daß dir die Fahrt gefällt.

Kennzeichen

Der pensionierte Buchbinder Moser
hat rechts einen breiteren Daumen als wir.
Er preßte und strich ein Leben lang
mit ihm die Rücken aufs Buchpapier.

Jedem das Seine

Es war einmal ein Schneider,
der nähte fleißig Kleider
und hatte auch drei Brüder,
denen war die Schneiderei
mit der Schere sehr zuwider.
Der erste wurde leider, leider
ein gerißner Halsabschneider[1].
Der zweite nahm keine Mühsal in Kauf
und schnitt schlicht und einfach auf.
»Viel besser wär's«, entschied der dritte,
»wenn ich als Clown Grimassen schnitte.«

Ach so!

»So so, dein Vater war einmal Stapfenstopfer.«
»Ja, ganz richtig. Aber eigentlich ist er gelernter Knickerbockerbäcker.«
»Was du nicht sagst! Ja, und dann?«
»Dann wurde er Huckepackepicknicker.«
»Und was macht er jetzt?«
»Ach, er ist Papperlapapplapperer.«
»Unglaublich! Was ist das?«
»Na, er macht so Zickzackschnickschnack in einer Tingeltangelbude.«

1 Einer, der andere übervorteilt

Wer ist was?

Bei uns sagt man:
›Ich bin mutterseelenallein.‹
Die Tochter sagt es,
manchmal der Sohn,
auch der Vater behauptet,
es zu sein.
Wer es auch immer sagt
oder schreibt –
würde er's einmal wörtlich nehmen,
wüßte er, wer da sitzen bleibt.

Hausordnung

»Ist das zu glauben? Fünf Söhne haben Sie allein großgezogen?«
»Ja, und ich darf mit gutem Gewissen behaupten, daß sie ordentliche und ausgesprochen häusliche Männer geworden sind: Der Älteste ist Kellermeister, der zweite Zimmermann, der dritte Kammersänger, der fünfte Küchenchef.«
»Jetzt haben Sie aber den vierten vergessen.«
»Ach so. Es gibt Neider, die sagen, es fehle ihm im Oberstübchen. Aber zum Salonlöwen[1] hat auch er's gebracht.«

1 Salonlöwen gehen von einer feinen Party zur andern, um zur bessern Gesellschaft zu gehören

Begegnung

Zwei Freunde,
sie hatten sich lang nicht gesehen,
trafen sich auf einer Rolltreppe wieder.
Sie freuten sich ehrlich
und blieben stehen.
Doch ihr Wiedersehen war kurz und knapp,
denn der eine fuhr hinauf,
und der andere fuhr hinab.

Einsamkeit

Zwei alte Menschen beklagten sich,
wie einsam sie wären in diesen Zeiten.
Der eine klagte im ersten Stock,
der andre darüber im zweiten.

Der Hut

Warum wohl rutscht dem Manne dort,
der Stücke aus der Straße bricht
mit dem schweren Preßluftbohrer,
der Hut nicht in das Gesicht?
Der Bohrer rüttelt und schüttelt doch?
Ja, aber der Mann braucht Kraft und schwitzt,
so daß ihm der Hut gut angeklebt
auf dem gebeugten Kopfe sitzt.

Balance-Akt

Warum tritt die Kellnerin Annette[1]
nicht in einem Zirkus auf?
Sie trägt auf einem großen Tablett
fünfzehn Gläser, gefüllt bis zum Rand
über Köpfen, um Tische und Stühle herum,
balanciert die Gläser mit einer Hand
und leert keinen einzigen Tropfen aus.
Ein Ungeduldiger meckert noch,
und niemand spendet Applaus.

Das kann doch jedem passieren

Gestern vor der Tagesschau
mußte die Ansagerin niesen:
Einmal, zweimal, zum dritten.
Weg war sie vom Schirm,
ein Ansager kam,
der sprach nicht ›Gesundheit!‹
oder ›Wohlbekomm's!‹ –
Er mußte um Entschuldigung bitten.

Zusammenhänge

Jemand, der viel Liebe gibt, ist ein Liebling.
Jemand, der getauft wird, ist ein Täufling.
Jemand, der Ohrfeigen gibt, ist ein Ohrfeigling.

1 Kellnerin = Serviererin

Nackt, nackter, am nacktesten

In einem Nacktbad
sind alle nackt,
gleich nackt,
nackt ist nackt.

Aber dort
entblößt einer
die Zähne zum Lachen.
Der ist nackter.

Und da
wird einem
die nackte Wahrheit
ins Gesicht gesagt.
Der ist am nacktesten.

Nachtrag

Wer aber
nackte Interessen verfolgt,
ist nicht im Nacktbad zu finden.
Er verhüllt sich lieber.

Aussagen *

Der Mensch sagt, der Mensch sei gut.
Die Menschen sagen, die Menschen seien gut.
Die Menschen sagen, der Mensch sei gut.
Der Mensch sagt, die Menschen seien gut.
Ein Mensch aber sagte, der Mensch sei nicht gut.
Das Mensch!

Wichtig ist, daß man sich ausspricht

»Du da!«
»Wie?«
»Was wie? *Wer* hättest du fragen sollen.«
»Also gut: Wer da.«
»Wo da?«
»Du hast gesagt: Du *da*!«
»Wo?«
»Das frag ich ja dich.«
»Ich meine, wo hab ich das gesagt?«
»In der Küche. Du da! hast du gesagt.«
»Nun, damit meinte ich ... da, wie hier. Du hier! Wie?«
»Wie was? Nein, was wie? Eben sagtest du, ich soll ›wer‹ fragen.«
»Ja doch, ich sagte ›wie‹ im Sinne von: Hast du verstanden?«
»Was?«
»Was was? Jetzt geht's doch ums Wie!«
»Falsch, ums Wer!«
»Es *ging* ums Wer, in der Küche. Aber unterdessen stritten wir ums Wie.«
»Nein, ums Wo!«
»Wann?«
»Um Gottes Willen, jetzt kommst du auch noch mit dem!«
»Das ist kein Grund zur Aufregung. Überleg ganz ruhig, was du gesagt hast.«
»Gut. Zuerst sagte ich: Du!«

»Nein! Du da!«
»Wie?«
»Was wie? Du hätt'st fragen sollen: *Wo* da?
»Nein, wer! Erinnere dich: Wer hätte wer sagen sollen?«
»Du da!«
»Jetzt reicht's mir aber!«
»Warum?«
»Warum? Herrgott, das hat überhaupt noch nie eins von uns gefragt.«
»Ja, warum zanken wir uns eigentlich?«
»Das frag ich mich schon die ganze Zeit.«

Mißgünstiger Vergleich

»Schön und gut. Was dir recht und billig ist, ist mir lieb und teuer, und wenn's mir mehr schlecht als recht geht, soll's bei dir drunter und drüber gehen.«

Auch Feste gehören zum Leben

»Wie war die Hochzeitsfeier?«
»Feierlich.«
»Und wie war die Feststimmung?«
»Festlich.«
»Wie sah die Braut aus?«
»Bräutlich.«
»Wie begegneten dir die Freunde?«
»Freundlich.«
»Ja, und wie waren all die Speisen, das Mahl?«
»Oh, ich brachte es allmählich hinunter.«

Ich *betone* immer wieder:

»Auch wenn ich von meinen Gegnern über*laufen* werde, werde ich nicht zu ihnen *über*laufen.«
»Daß meine Sympathien zu dir *über*springen könnten, müßte ich schon meinen eigenen Schatten über*springen.*«
»Unter*steh* dich, bei meinem Haus kannst du nicht *unter*stehen!«

Alltagsgespräche

»Hallo, wohin gehst du?«

»Keine Zeit, ich habe eine Verabredung!«

»Wer hat dir denn jetzt wieder den Kopf verdreht?«

»Wie es mir gehe? Nun, ich schlängle mich so schlecht und recht durch.«

»Das ist dein Fehler. Ich schlage mich durch!«

»Aua!«

»Wie fühlst du dich?«

»Oh, so lala. Und du?«

»Mm, so la lala la lalala la!«

Das Kosespiel

(Ihr braucht einen roten und einen schwarzen Würfel. Der rote Würfel ist für die vorderen Wörter, der schwarze für die hinteren. Sie werden einfach zusammengesetzt. Beispiel: Du würfelst mit dem roten Würfel eine 3 und mit dem Schwarzen eine 5: Folglich bist du ein Seelenengel.)

	rot	schwarz
1	ZUCKER	PUPPE
2	HERZ	KÄFER
3	SEELEN	WÄRMER
4	AUGEN	TROST
5	HONIG	ENGEL
6	SCHNUCKI	PUTZI

(Nun kannst du das Spiel noch erweitern. Es gibt nämlich Schmeichler, die manchmal nur schmeicheln, um etwas zu erreichen. Wie man denen sagt, erfährst du, indem du bei den untern Wörtern gleichzeitig zusammensetzest, was du oben gewürfelt hast: Rot 3 = SCHMUS, schwarz 5 = WURM, SCHMUSWURM)

	rot	schwarz
1	SÜSSHOLZ	RASPLER
2	SCHMEICHEL	KATER
3	SCHMUS	BRINGER
4	SCHÖN	REDNER
5	OHR	WURM
6	UMDENFINGER	WICKLER

Entwicklungen

Zweikampf
Sippenstreit[1]
Stammesfehde
Völkerzank
Massenvernichtung
Weltkrieg
Totaluntergang

Faustrecht
Leibrecht[2]
Staatsrecht
Völkerrecht
Menschenrechte

Schreiende Ungerechtigkeit
sich auf das Recht *berufen* können
Rechts*sprechung*

1 Sippe = erweiterte Familie mit Kindern und Kindeskindern
2 Die Sklaven hatten noch kein Recht auf ihren Leib, er gehörte ihrem Herrn

Wer ist da im Recht?

Laß mich bitte endlich in Ruhe, ich bin ohnehin schon ganz und gar geknickt.

Mach dich doch gefälligst nicht so breit!

Klage

Ich verliere mich allmählich in diesem ewigen ALL
ALL ALL ALLALL ALL ALL ALL ALL ALL ALL ALL
ALL ALL ALL ALL ALL ALL ALL ALL ALL ALL ALL
ALL ALL ALL ALL ALL ALL ALL ALL ALL ALL ALL
ALL ALL ALL ALL ALL ALL ALL ALL ALL ALL ALL
ALL ALL ALL ALL ALL ALL ALL ALL ALL ALL ALL
ALL ALL ALL ALL ALL ALL ALL ALL ALL ALL ALL
ALL ALL ALL ALL ALL ALL ALL ALL ALL ALL ALL
ALL ALL ALL ALL ALL ALL ALL ALL ALL ALL ALL
ALL ALL ALL ALL ALL ALL ALL ALL ALL ALL ALL
ALL ALL ALL ALLtag.

Ratschlag

Geh doch nicht immer im gleichen
Trott
Trott
Trott
Trott
Trott
Trott
Trott
Trott
Trott
Trott
Trott
Trottel.

Bibelwort, zu wörtlich genommen *

Auge um Auge um Auge um Auge.

Zahn um Zahn um Zahn um Zahn um Zahn um
Zahn um Zahn um Zahn um Zahn um Zahn um
Zahn um Zahn um Zahn um Zahn um Zahn um
Zahn um Zahn um Zahn um Zahn um Zahn um
Zahn um Zahn um Zahn um Zahn um Zahn um
Zahn um Zahn um Zahn um Zahn um Zahn um
Zahn um Zahn um Zahn um Zahn um Zahn um
Zahn um Zahn um Zahn um Zahn um Zahn um
Zahn um Zahn um Zahn um Zahn um Zahn um
Zahn um Zahn um Zahn um Zahn um Zahn um
Zahn um Zahn um Zahn um Zahn um Zahn um
Zahn um Zahn um Zahn um Zahn um Zahn um
Zahn um Zahn um Zahn um Zahn.

Nase um Nase.

Vorwurf

Ob man nun sagt,
ich solle ganz vorne
mitlaufen

oder ob man mir
vorwirft, zu
den Mittelmäßigen
zu gehören,

das interessiert mich nur am Rand

»Ich dulde niemand über mir.«

220

»Aha! Muß ich deshalb unten durch!«

Alles muß gelernt sein

JetztsolltestduweißGottendlichaltgenugseinumaufeigenenFüßenzustehenichkanndochnichteinLebenlanghinterdirherlaufenundimmerdieVerantwortungtragenwennichjetztschonganzkribbeligbindavonundeskeinenTaglängerertragenkann.

Bitte, hab doch noch ein wenig
hab doch noch ein wenig
hab doch noch ein wenig
hab doch noch ein wenig
hab doch noch ein wenig
hab doch noch ein wenig
hab doch noch ein wenig
hab doch noch ein wenig
hab doch noch ein wenig
hab doch noch ein wenig Geduld.

Was zum LEBEN gehört:

LOBEN
LABEN
LIEBEN
LEIBEN
ERLAUBEN
LEBENDE

Nach dem STERBEN
gibt es kein STREBEN nach Nichtigkeiten,
kein BERSTEN vor Ungeduld
und keine GEBRESTEN mehr.

Der große Unterschied

Leben und leben lassen.
Leben und Leben lassen.

Fragen

Man hat es dir wohl
schon oft gesagt:
»Das Leben liegt noch vor dir.«
Die Frage ist nur:
Liegt's still,
liegt's brach,
liegt's zu deinen Füßen,
liegt's im Argen,
liegt's noch in weiter Ferne,
liegt ihm viel an dir,
liegt's im Dunkeln,
liegt's offen da,
liegt's überhaupt
oder steht es,
steht es in deiner Macht,
steht es dir zur Verfügung
oder sitzt es gar,
sitzt es dir wie angegossen?

An dir liegt's vor allem, wie's steht damit.

Was Worte alles können

erklären
verraten
verschweigen
Mißverständnisse ausräumen
täuschen
preisgeben
Mißtrauen schaffen
Herzen öffnen
verletzen
trösten
verführen
verwirren
Zugang finden
auf taube Ohren stoßen
Barrieren überwinden
aufmuntern
vernichten
ablenken
ermüden
Zwietracht säen
Frieden stiften
nörgeln
angreifen
erheitern
traurig machen
enttäuschen
Erwartungen wecken
wärmen u. s. w.

Körpersprache

zittern
schwitzen
frösteln
erröten
erblassen
erstarren
steif dastehen
zurückweichen
Kopf senken
Kopf aufwerfen
Lippen zusammenkneifen
Mund offen stehen lassen
Arme hängen lassen
mit den Zähnen klappern
mit den Zähnen knirschen
zusammenzucken
aufblühen
die Stirn runzeln
die Nase rümpfen
Fäuste ballen
Gänsehaut bekommen
die Haare sträuben
von einem Fuß
auf den andern treten
u. s. w.

Herr Paulke sagt:

Ich bin ein Mensch, heißt:
Ich bin sicher kein Baum,
kein Schmetterling,
kein Seehund,

bin mit Bestimmtheit kein Ozean,
kein Fluß,
kein Wasserfall,

bin garantiert keine Wolke,
kein Stein,
kein Schilfrohr,

aber ich bin vielleicht
wahrscheinlich,
hoffentlich, hoffentlich
kein Unmensch.

Herr Paulkes Nachbarin sagt:

Komisch,
immer, wenn ich mich sauwohl fühle
und wie der Fisch im Wasser,
wie die Gäns im Haberstroh,
wie die Vögel im Hanfsamen,
bin ich am meisten Mensch.

Den Sprücheklopfern widersprechen

»Übermut tut selten gut?«

Doch ohne allen Übermut
gibt's eine Wut,
gibt's eine Wut,
gibt's eine Wut,
aufs fade Leben.

»Wer zuletzt lacht, lacht am besten.«

Kunststück, die Schadenfreude grinst mit.

»Hunger ist der beste Koch?«

Mag sein, für uns, die Satten.
Dem Verhungernden schmeckt der Satz
wie bitterster Hohn.

»Wer zahlt, befiehlt!«

Wer Steuern zahlt?
Wer Bußen zahlt?

Wer Zinsen zahlt?
Wer Mieten zahlt?

Wer Lehrgeld zahlt?
Wer mit dem Leben zahlt?

»Kinder und Narren sagen die Wahrheit.«

Also lügen die Erwachsenen und die Vernünftigen?

Ende der Gutmütigkeit

Du hast mich angelogen –
Schwamm drüber.

Du hast mich hintergangen –
Schwamm drüber.

Du hast mich versetzt –
Schwamm drüber.

Du erwartest,
daß ich dir immer wieder verzeihe –
Schwamm drüber!!

Gespräch vor der Glotze

Fragen,
in die Satzpausen
des Nachrichtensprechers
gehackt.

Antworten,
in die Abblendungen
der Bildberichte gepreßt.

Veränderung

Als jener,
der glaubte, er habe das Sagen,
überschrien wurde,
hat es ihm die Sprache verschlagen.

Als jener,
der immer der Stillste war,
sich plötzlich Gehör verschaffte,
hörte man, daß er nicht aufs Maul
gefallen war.

Als jener,
der viele Worte machte,
eines Tages entdeckte,
daß niemand auf sie hörte,
blieben sie ihm im Halse stecken.

Den Leuten aufs Maul schauen

Jemand will mich über*reden*.
Ich beachte ihn nicht,
er spricht's in den Wind,
sein *Zeug*.

Jemand versucht
mich zu über*zeugen*.
Auf ihn hör ich,
er meint's *redlich*.

Man will dir,
weil man es nur gut meint mit dir,
dich nur vor Ärger bewahren will,
etwas ausreden?

Ausreden!

Korrektur

»Du bist goldrichtig,
mein Goldkind.«

»Danke fürs Kompliment,
aber ich bin mehr wert als Gold.«

Herr Paulke kennt die Comic-Sprache nicht

Ein Ziegel gleitet vom Dach:
Krach!
Fällt auf den Balkontisch:
Ratsch, klatsch, zisch!
Stürzt mitten ins Kaffeegeschirr:
Tschirre, klirre, klirr!
Der Stuhl am Tisch fällt um:
Wumm!
Im Stuhl sitzt der Herr Paulke,
doch der bleibt vor Entsetzen stumm.

Unter Freunden gesagt

»Warum soll ich andere
mein Mitfühlen fühlen lassen?«

»Dein Denken gibt mir zu denken!«

»Ich muß mir deine Behauptung,
du seist mir im Überlegen
überlegen überlegen.«

»Ja, vielleicht kannst du dich
gegen meine Behauptung behaupten.«

Widerspruch

Was fällt dir ein!

Was fällt dir eigentlich ein!

Wie kann man sich nur so etwas
einfallen lassen!

Du einfallsloser Kerl du!

Verdächtige Beschwichtigung

»Du kannst doch
nicht ewig beleidigt sein!
Es ist alles vorüber.
Die Sonne scheint wieder.
Drum mach kein Gesicht mehr
wie sieben Tage Regenwetter!«

»Du nimmst mein ernstes Gesicht
nicht ernst.
So vergeht mir
das Lachen noch ganz.«

Verwandlung

Ein Hasenfuß ging durch die Welt
und sprach: »Ich will es wagen,
wer sich mir auch entgegenstellt,
es wird ihm nicht gelingen,
mich in die Flucht zu schlagen.«

Er ging und ging grad über Land
und hielt aalglatten Schmeichlern,
bärenstarken Wegelagerern
und andern Hundsgemeinen stand.
Selbst schlangenfalsche Irreführer
überwand er Stück für Stück
und kam als Löwenherz zurück.

Nichts schuldig bleiben

»Jetzt weiß ich,
warum man von dir sagt,
du hättest eine scharfe Zunge
und eine geschliffene Rede.«

»Und das wäre?«

»Du schneidest mir ununterbrochen
das Wort ab.«

Was machen sie da?

Was macht das Mammut
(ein Riesenmammut!)
in der Papeterie*?
Das erratet ihr nie,
das erratet ihr nie!
Es betrachtet Kalender,
erschreckt und verwirrt
und brummelt dazu:
»Ich hab mich wohl im Jahrtausend geirrt.«

Was macht die Laus
in der Drogerie?
Das erratet ihr nie!
Das erratet ihr nie!
Sie ist nicht hier,
um etwas zu kaufen,
sie kommt auf dem Kopf
eines Kunden gelaufen.

Was macht die Kuh
in der Parfümerie?
Das erratet ihr nie,
das erratet ihr nie!
Sie ruft: »Ach, diese Düfte im Laden!
Jetzt fehlt noch der
von meinen Fladen.«

* Schreibwarenhandlung

Was macht der Vielfraß
(den kennt ihr doch, wie?)
in der hübschen, kleinen Konditorie?
Das erratet ihr nie,
das erratet ihr nie!
Er nascht von allem
und fragt dabei
nach dem Weg zur großen Konditorei.

Was macht das Schwein in der Staatsgalerie?
Das erratet ihr nie,
das erratet ihr nie!
Es sagt: »Nicht nur Gemälde sind Kunst,
auch ein Schwein ist Künstler,
wenn's kunstvoll grunzt.«

Aha!

Ein Mann lief aufgeregt herum,
lief und lief und rief:
»Nehme ich Gummi arabicum?
Nehme ich Leim aus der Tube?
Nehme ich Kleister aus dem Topf?«

Warum tat er denn das überhaupt, warum?
Er hat sich darüber den Kopf zerbrochen,
darum lief er nach Klebstoff herum.

Verwirrung

So hat das Elend wohl angefangen:
Irgendwo, doch bestimmt nicht im Pfefferland,
ist das Pf verloren gegangen.
Die Leute klagten:
»Was soll aus uns werden?«,
kauften *Laster* in Apotheken,
ritten auf *Erden*,
säten und setzten nach jedem *Lügen*
in Äcker und Felder
überall *Lanzen*
und sprachen dazu noch von *Licht*.
Seltsam, nicht?

Pflaster, Pferden, Pflügen, Pflanzen, Pflicht

Halt deinen Schnabel!

Gut, sagte die Ente,
ich halt ihn ins Wasser.

Gut, sagte der Teekrug,
ich halt ihn schön aufrecht.

Gut, sagte das Kind,
ich halt ihn munter in Schwung.

Ferienerzählungen

»Bin auf den
höchsten Berg gestiegen.«

»Bin im tiefsten
Meer geschwommen.«

»Bin durch die
weiteste Ebene gefahren.«

»Bin unterm Apfelbaum gelegen,
hab meine Träume fliegen lassen:
Höher als die höchsten Berge,
tiefer als die tiefsten Meere,
weiter als die weitesten Ebenen.«

In die Wolken gucken:

Im Himmel schwimmen
flockige Länder,
bauschige Kontinente.
Ihre Grenzen verfließen,
lösen sich auf,
ballen sich neu
zu noch nie gesehenen
Inseln und Staaten. –
Und ich ihr Entdecker,
ganz allein.

Erlebnis

Ich schlief mitten im Busch,
tief und ruhig, bis morgens
um vier,
obwohl das gefiederte,
schuppige, glatte,
bepelzte, gehörnte Getier
blökte, fauchte, knurrte,
wisperte, röhrte, murrte.
Was mich dann schließlich weckte,
das war eine Mücke, die surrrte.

Selbstbedienungsrestaurant

angestanden
eingeordnet
aufgeladen
bezahlt
durchgeschleust
umgesehen
gesessen
zerschnitten
eingenommen
abgewischt
geflüchtet

Anfahrt

Wagen vor Wagen
vor Wagen vor Wagen.
Kein Anfang noch Ende:
Wagenstau.

Am Büfett der Raststätte
Mann vor Frau vor Kind
vor Kind vor Frau vor Mann:
Magenstau.

Die Kinder im Rücksitz
räkeln sich, mäkeln,
keifen und kneifen:
Bewegungsstau.

Der Vater am Steuer.
Die Stirnader dick und dicker,
der Kopf rot und röter:
Erregungsstau.

Ferien machen: eine Kunst

Nichts müssen,
nichts sollen.
Nur dürfen
und wollen.
Jeder Tag
ein unvorbereitetes Fest.
Sich einigen,
wer
wann
wo
was
wie
mit wem
tut oder läßt.

In Höhlen steigen

Tasten,
Schritt für Schritt.
Weiche Knie haben.
Das Herz klopfen hören.
Gespenster sehen.
Aber weiter gehen:
Es kitzelt so hübsch
in der Magengrube.

Auch Laute machen Urlaub

Das a in Hamm
rief eines Tages:
»Jetzt lauf ich davon,
ganz gleich, was ihr denkt!«
Die Zurückgebliebenen
waren beleidigt
und räusperten sich gekränkt:
»Hmm!«

Und in Kampala
(wer weiß, wo das liegt?)
entwischten einmal
gleich alle drei a.
Und was zurückblieb,
stand unaussprechlich,
u n a u s s p r e c h l i c h
traurig da.

Das **A** und das **U**
stießen heftig zusammen
(wahrscheinlich war es
glitschig und naß),
Jedenfalls tat
der Zusammenprall weh,
drum schrien sie.
Aber was? Aber was?

Lauträtsel

Das A rief dem U zu:
»Weißt du,
wovon ich oft träume?
Wenn wir zusammenkämen,
gäb es ein hübsches Flüßchen
und ringsherum
Wiesen und Bäume.«

»Ich habe Hunger«, sagte das E
»mit dir zusammen, liebes I,
tät er mir aber nicht mehr weh.
Komm, wir setzen uns
gleich an den Tisch
und essen uns vollkommen frisch.«

Au, Ei

Vor Müdigkeit umfallen

atemlos
erhitzt
erschöpft
nach einem reichen,
langen langen Tag,
der viel zu kurz war.

Zweimal aufstehen

Aufstehen,
frühmorgens
für Abenteuer,
Freundschaften,
Gelächter.

Aufstehen
bis spät abends:
gegen Nörgeler,
Griesgrame,
Verbieter.

Familiendrama

Warum verzehrt denn Vaters Mutter,
wenn niemand hinguckt,
Katers Futter?
Ja, wär's denn besser für den Kater,
Vaters Mutters Schwiegervater
oder Mutters Vaters Mutter
äßen Vaters Katers Futter?

Letternmahlzeit

Da seht und guckt:
Der WALD hat einen
WAL verschluckt!
Du liebe Zeit,
du liebe Zeit,
was macht der denn
an diesem Ort?
Er macht sich breit,
sehr lang und breit,
schnappt seinerseits
beinah das ganze Wort.

Bericht aus der Natur

Nachdem mich die verflixte, ekelhafte Wespe
unter dem Birnbaum am Waldrand
in den Hintern gestochen hatte,
machte ich einen großen Satz,

der lautete so:

Nachdem mich die verflixte, ekelhafte Wespe
unter dem Birnbaum am Waldrand
in den Hintern gestochen hatte,
machte ich einen großen Satz.

Fürs Familienalbum

Mama auf der Alm.
Klick.

Der Vater
stramm auf dem Berggrat.
Klick.

Die Tochter unterm
Wasserfall.
Klick.

Aber kein Film
im Apparat.
Klick.

Und die Ferien dahin,
für die Katz, ohne Sinn?

Im Regen gehen

Im Regen gehen.
Im Regen gehen und singen.
Im Regen gehen und singen vom im Regen Gehen.
Im Regen gehen und singen vom im Regen Gehen
und Singen.

Worträtsel

Mach ihn zuerst:
mit dem Läufer, dem Bauern, dem Turm.
Oder du nimmst ihn
aus einer Flasche, einer Zigarre.
Setz ihn nun
auf die Schienen beim Bahnhof,
steig ein.
Schließ die Fenster,
sonst verkühlt er dich.
Während der Fahrt
beobachtet ihn jemand
in deinem Gesicht,
deinem Charakter. Drum lächle.

Zug, Schachzug, Mundzug, Eisenbahnzug, Durchzug, Gesichtszug, Charakterzug.

Verwertung

Vom ganzen Einkauf
schönster Waren:
Die Hälfte
ins Kröpfchen,
die Hälfte
ins Abfalltöpfchen.

Grossmutters Knödel essen

Niemand macht die Knödel größer,
mit größerem Stolz auf mich,
niemand trägt sie heißer,
mit heißerer Liebe auf
als sie.

Wie das schmeckt!

Schnellimbiß

»Tach, Mlzeit!«
Schnapp
Schmatz Mampf
Würg
Glugg Glugg Schluck
Gurps
»Tschuldigung!
Dersehen.«

Herr Paulke grüßt

Herr Paulke
grüßt den Gemeinderat.
Hut ab, Hut auf.

Herr Paulke
grüßt den Zigeuner.
Hut ab, Hut auf.

Herr Paulke
grüßt den Greis.
Hut ab, Hut auf.

Herr Paulke
grüßt die Nackttänzerin.
Hut ab, Hut auf.

Herr Paulke
grüßt das Kind.
Hut ab, Hut auf.

Hut ab vor Herrn Paulke.

So sind Kinder

Fühlen sich zugehörig,
wie sich's gehört.

Setzen sich ab,
wie sich's gehört.

Lieben und kosen,
wie sich's gehört.

Wenden sich ab,
wie sich's gehört.

Schmeicheln und betteln,
wie sich's gehört.

Sagen und machen Dinge,
die sich nicht gehören,
wie sich's gehört.

Was Herr Paulke seine Kinder lehrte

»Ungehörig wäre,
wenn mir alles
und euch nichts
oder euch zu viel
und mir zu wenig gehörte.«

So sind Eltern

Mögen uns nicht aus den Augen lassen.
Können uns nicht aus der Hand geben.
Stecken die Nase in alles.

Und so sind Eltern:

Ihr Auge ruht wohlgefällig auf uns.
Haben immer ein Ohr für uns,
auch wenn sie uns
nicht mehr im Griff haben.

Kinderliebe

Zwei
hätten sich gerne geküßt,
doch immer kam etwas dazwischen:
Die Scheu.
Die Scham.
Die Schüchternheit.
Die Furcht.
Dabei wäre auch
ein scheuer
schamvoller
schüchterner
furchtsamer Kuß
ein Kuß gewesen.

Herr Paulke macht einen Spaziergang

Er geht einem Waldrand entlang,
begegnet einem Köter
und gibt ihm den Weg frei.
»Komm, Köter, komm.«

Er begegnet einer Katze
und gibt ihr den Weg frei.
»Komm, Katze, komm.«

Er begegnet einer Schnecke
und vertritt ihr den Weg.
»Halt, Schnecke, halt,
ein Reiter kommt mit seinem Pferd.«

Er gibt dem Pferd den Weg frei.
»Komm, Pferd, komm.
Und jetzt geh, Schnecke, geh.«

Schlagfertig

Will jemand mich
übers Ohr hauen,
mir nicht trauen,
mich klein kriegen,
meinen Willen biegen,
werd ich's nicht ertragen
und dem Jemand ein Schnippchen schlagen.

Will man mich
listig und durchtrieben
vorn in Schmeicheleien wiegen
um hinterrücks mich zu betrügen,
sag ich:
»Schlagt's euch aus dem Kopf,
ihr Lieben!«

Doch werd ich
von Zuversicht,
Zuneigung,
Freundschaft getragen,
werde ich Wurzeln schlagen.

(Man glaubt es kaum:
Eben hab ich
doch einen geschlagen,
aber er hat es
fröhlich ertragen:
der Purzelbaum.)

Umkehrung?

Wer hat mit dem Zwist angefangen?
Er doch! Ja, er!
Und sie dort! Mitgegangen, mitgehangen!

Nein, gerade anders herum:
Ihr habt angefangen, ihr!
Und zuallererst du
und deshalb und darum.....

Fragen wir etwa verkehrt?
Angenommen, man fragte immer:
Wer hat zuerst aufgehört?
Man fragte sie, ihn, dich, mich.
Und jeder könnte guten Gewissens sagen:

Ich?

Freundschaft rechnet nicht?

»Ich sollte noch eine alte
Rechnung begleichen mit dir,
aber ich hab mir's anders überlegt
und verzichte darauf, dir alles
heimzuzahlen.«

»Das werd ich dir hoch anrechnen.
Du kannst zählen auf mich.«

Sich necken

Was ist dicker als Milch,
dünner als Käse,
ist gesund und macht stark?

Und was redest du,
den lieben langen Tag,
daß man schon nicht mehr zuhören mag?
Genau dasselbe wie oben: Qu...

Quark

Sprachschwierigkeiten

Wenn ich sie sehe,
denke ich:
Sie ist schöner als alle.

Wenn ich sie höre,
denke ich:
Die Stimme eines Engels!

Wenn ich an sie denke,
denke ich:
Wie klug ist sie doch!

Wenn ich mit ihr rede,
sage ich:
»Du hast einen Fleck auf der Bluse!«

Glückspilz

Junge,
sieh da die zwei Mädchen:
Eins macht dir schöne Augen.
Das andere senkt seinen Blick.
Dem ersten errötet das Gesicht.
Dem zweiten erblaßt es.
Dieses lacht dir entgegen.
Jenes betrachtet dich mit Ernst.
Aber beide
lieben dich gleichermaßen.

Fortschritte

Vorgestern
habe ich jemand weh getan.
Später hat es mich gereut.

Gestern
habe ich jemand
mit spitzer Zunge getroffen.
Dann übte ich, sie im Zaum zu halten.

Heute
habe ich jemand
den Finger auf eine alte Wunde gelegt,
ohne ihn zu verletzen.

Alltägliches Drama

Mädchen,
da war einer,
der an dir vorbeisah,
wenn du kamst.

Von dir abrückte,
wenn du dich
nähertest.

Kurz angebunden antwortete,
wenn du
etwas fragtest.

Als du wegzogst,
für immer,
weinte er.
Heimlich.

Liebeserklärung

»Ich liebe dich *OHNE* ...«

»Was stört dich an mir?«

»Ich liebe dich *WENN* ...«

»Was soll ich noch tun?«

»Ich liebe dich *UND* ...«

»Wen noch?«

»Ich liebe dich *ABER* ...«

»Welche Einschränkung kommt jetzt?«

»Geduld, doch: Ich liebe dich *OHNE WENN UND ABER*.«

Einsicht

Meine Zärtlichkeit
geb ich vielleicht
dem ersten, der sie braucht,
dem besten, der sie nimmt,
doch nie und nimmer
dem ersten besten.

Vorsicht

Einer gibt dir zu verstehen,
er habe dich ganz und gar
in sein Herz geschlossen.

Sag ihm,
du möchtest lieber
ein- und ausgehen darin,
wie's dir behagt.

Begegnung

Er hätte sie
beschützen mögen.

Er hätte ihr alles geopfert.

Er hätte
sein Leben hingegeben für sie.

Aber:
Sie brauchte
seinen Schutz nicht.

Die Last der Opfer
waren ihr zu schwer.

Und sie wollte ihn
lebendig.

Man braucht einen Halt

Halt, Freund,
du hältst nicht zu mir,
hältst nicht dein Wort,
hältst nicht dein Versprechen.
Du verlierst deinen Halt, Freund.

Schlaumeier

Was er habe,
so schwor er,
wolle er redlich teilen
und ohne zögern hingeben.

Er hatte Zahnweh.

Wettergeschichte

Ein Regenschirm,
ein Sonnenschirm,
die im gleichen
Ständer standen,
waren ineinander verliebt.
Sie seufzten jeden Morgen:
»Laßt uns hoffen,
daß es trockenes, kühles Wetter gibt.«

Langes Warten

Nach jedem Satz kommt ein Punkt
Nach jedem Satz kommt doch ein Punkt
Nach jedem Satz kommt doch seit eh und je ein Punkt
Und ich warte und warte seit Stunden,
aber wer nicht kommt, das ist der Punkt

Aufgeschnappt

Ich mache die Aufgaben
mit Vergnügen.
Ich trockne ab
mit Vergnügen.
Ich streiche mein Zimmer neu
mit Vergnügen.

Und da sagt Mutter immer:
»Erst die Arbeit,
dann das Vergnügen.«

»Arbeit macht das Leben süß«
sagte heute mein Vater.

Sonst hat er doch immer behauptet,
alles, was er besitze,
habe er
mit saurem Schweiß erworben.

Aufstieg

Mit wenig Arbeit viel verdienen
Mit viel Arbeit viel verdienen
Mit viel Arbeit wenig verdienen

Stoßseufzer

Wüßte ich mehr,
verstünde ich mehr,
begriffe ich mehr,

wüßte,
verstünde,
begriffe

ich mehr von denen,
die mehr wissen,
mehr verstehen,
mehr begreifen als ich.

Stimmt das?

Der Koch kocht.
Der Schmid schmiedet.
Der Schreiner hobelt.
Der Gärtner pflanzt.
Der Wächter wacht.

Ja, das stimmt.

Stimmt das auch?
Der Schmied wacht.
Der Gärtner schmiedet.
Der Koch hobelt.
Der Schreiner pflanzt.
Der Wächter kocht.

Nein, das stimmt nicht.

Doch, das stimmt!
Der Schmied wacht,
daß ihm das Feuer nicht ausgeht.
Der Gärtner schmiedet Pläne
für seine Ferien.
Der Schreiner pflanzt sich
vor dem Lehrling auf.
Der Koch hobelt Käse
für die Nudeln.
Der Wächter kocht,
er kocht vor Wut auf sich selbst,
weil er eingeschlafen ist.

Berufe

Einer ist Bäcker,
alle wissen, was er tut.

Einer ist Lehrer,
alle wissen, was er tut oder läßt.

Einer ist Programmierer,
die meisten wissen, was er tut.

Einer ist Nuklearphysiker,
nur wenige wissen, was er tut.

Einer ist Gen-Manipulator,
er weiß nicht, was er tut.

Genmanipulatoren verändern Erbeigenschaften

Aller Anfang ist schwer

Der erste ganz und gar künstliche Mensch
ging nie auf und ab, ging nie hin und her,
ging immer im Kreis
rundum, rundum, rundherum,
und niemand wußte genau, warum,
bis plötzlich ein kluges Mädchen rief:
»Seht doch, der Süße,
der hat zwei linke Füße.«

Computer

Computer
helfen Verbrechen aufklären
Krankheiten aufspüren
Lehrgänge austüfteln
das Wissen vermehren
Operationen erleichtern
Waren versorgen und finden
den Frieden sichern

Computer
helfen Menschen kontrollieren
Waffen herstellen
Menschen zu Nummern machen
das Wissen uniformieren
Kriege steuern
die Zeit totschlagen

Irrtum

Roboter
vernichten Arbeitsplätze?
Noch nie
hat ein Roboter
einen Angestellten entlassen.

Werbung

»Das erste absolut sichere Mittel,
das garantiert auch ihre Schuppen
zum Verschwinden bringt!«

»Will ich ja gar nicht!«
sagte die Meerjungfrau.

»Nur *unsere* Hemden sind einmalig!«

»Na, dann kauf ich sie nicht«,
sprach Herr Paulke,
»ich trage sie mehrmals.«

Einzig stimmige Reklame

KIND,
OHNE ÜBERTREIBUNG
UND GANZ UND GAR WAHR:

EINMALIG,
UNVERWECHSELBAR,
NOCH NIE DAGEWESEN

BIST DU.

Wer verdient, kauft

Aber was?
Das Gute,
das Bessere,
das Beste?

Das Beste vom Besten,
das Allerbeste vom Allerbesten,
das Allerbeste vom Allerbestesten?

Das Billige,
das Wohlfeile,
das Preisgünstige,
das Preiswerte,
das Teure?

Das Notwendige,
das Brauchbare,
das Entbehrliche,
das Überflüssige?

Das billige Gute?
Das wohlfeile Bessere?
Das preisgünstige Beste?

Das preiswerte notwendige Allerbeste?
Das brauchbare teure Entbehrliche?
Das überflüssige....

Halt, aufhören! Hauptsache, du zahlst!

Angebot

Auf der Industriemesse
umlagert,
viel gerühmt,
bestaunt,
und bewundert:
Der Nichtsstapler.

Vorbild

Der Tagedieb
entwendet Minuten,
läßt Stunden mitlaufen,
stiehlt die Tage.
Er nimmt sich Zeit.
Weiß er allein,
wie kostbar sie ist,
kostbarer als Geld?

Herr Paulke hat so seine eigenen Ansichten

Er glaubt,
die Entwicklung
vom Schlitten
zum Fuhrwerk
zur Kutsche
zum Laufrad,
zum Fahrrad,
zum Automobil,
zum Flugzeug,
zum Raumschiff
sei nur
ein Fortfahren gewesen.

Er glaubt,
Fortschritt, echter Fortschritt wäre:
vom fortgesetzten Argwohn
zu fortwährender Achtung
zu fortdauernder Zärtlichkeit
füreinander
fortzuschreiten.

Ein arbeitsreicher Tag

Gespielt.
Der Mutter geholfen.
Nachgedacht.
Gespielt.
Der Mutter viel erzählt.
Dem Vater Fragen gestellt.
Mit der Schwester gezankt.
Herumgetollt.
Den nächsten Tag geplant.

Am Ende des Tages

»Müde?«
»K. O.!!«
»Leg dich hin!«

»Und jetzt?«
»O. K.«

Erfindungen bewundern

Ein erster Erfinder erfand
einen Kronenkorkenentferner.
Ein zweiter Erfinder erfand
eine Kronenkorkenentfernermaschine.
Ein dritter Erfinder erfand
einen Kronenkorkenentfernermaschinenautomaten.
Ein vierter Erfinder erfand
einen Kronenkorkenmaschinenautomatenentferner.

Was nun?

Ein fünfter Erfinder,
der einen Computererfindercomputer erfunden hatte
(der Computererfindercomputererfinder also),
fütterte einen seiner Computer
mit einem Programm,
das sämtliche Theater-, Kino-, Zirkus-,
Radio-, Fernseh-, Showprogramme speicherte.
Ein Programmprogramm folglich.

Ein sechster Erfinder erfand
Brennelemententseucher
und für deren Rückstände
Brennelemententseucherreiniger
und für deren Rückstände
Brennelemententseucherreinigerfilter,
und für deren Rückstände…

Feierabendarbeit: Rätsel lösen

Vor der Bahnstation
steht allein
ein Schaffner auf einem Bein.
Saugt Billette in sich hinein,
spuckt sie wieder aus,
saugt sie ein,
spuckt sie aus,
als wär's ein Schmaus.
Tag und Nacht
steht er parat.
Ja, ist das etwa
gar kein Schaffner,
sondern nur ein ....?

Automat

Glaub mir:
Du hast vier Rücken,
und auch ich habe vier.
Einer ist kurz,
einer ist lang,
zwei sind breit,
sie begleiten uns
überallhin jederzeit.

Nasenrücken, Rücken, Handrücken

Ein Stuhl,
so denkt sich jedermann,
ist immer dazu da,
daß man auf ihm hocken,
daß man auf ihm sitzen kann.
Nun gibt es aber einen Stuhl,
der will nur immer selber sitzen,
sitzt über Mann, Frau, Kind und Maus,
hockt zuoberst auf dem Haus.

Dachstuhl

Über sich selbst lachen

Die Muse der Dichter
schmuste mit Schiller und Goethe.
Mich ließ die falsche Kröte
schmählich im Stich.
Nur eine Pampel-Muse,
irgendwo aus dem Süden,
die küßte mich:

Wenn Trampeltiere trampeln,
wenn Strampelkinder strampeln,
sprach eines Tags die Pampelmuse,
hab ich ein Recht zu pampeln.
Sie pampelte zwar nicht richtig hin,
sie pampelte auch nicht ordentlich her,
pampelte nicht gescheit und nicht dumm,
pampelte nicht gerad und nicht krumm,
pampelte weder männlich
noch pampelte sie sehr weiblich,
sie pampelte so...
sie pampelte wie...
nun: pampelte u n b e s c h r e i b l i c h.

Fußballsprache

Auf dem Feld wird
gerempelt
gestoßen
getreten
geschlagen
geknallt

werden
Schüsse abgegeben,
Bomben abgefeuert.

Draußen schreien die Schlachtenbummler.

Fußballer des Jahres

Spielt mit dem Fuß.
Spielt mit der Brust.
Spielt mit dem Knie.
Spielt mit dem Kopf.

Spielt mit dem Kopf,

auch wenn er
mit dem Fuß
mit der Brust,
mit dem Knie spielt.

Star

Millionen kennen ihn.
Millionen jubeln ihm zu.
Millionen klatschen ihm Beifall.
Millionen feuern ihn an.
Millionen steckt er in seinen Sack:
Bewunderer und in bar.

Im Dauerlauf wie im Leben

Einer läuft an der Spitze,
hat die Nase vorn.

Einer läuft in seinem Windschatten,
heftet sich an die Fersen.

Einer läuft ganz hinten,
vertraut auf seine Ausdauer.

Und nichts
        nichts
        nichts ist entschieden.

Langeweile bekämpfen

TEMPEL
AAL
EGEL
ORTE

»Imer dasselbe!«
sagten die Worte.

TAND
TEIG
TREUE
PASS

»Ein S am Anfang,
das wäre was!«

TRUMPF
TURM
TRICK
TIER

»Verzaubert, verwandelt, verändert sind wir!«

Pech

Meine Mutter hat
von einem Verehrer bekommen:
einen PORZELLANELEFANTEN.

Ich habe ihn in die Hand genommen:
den PORZELLANELEFANTEN.

Ich bin mit ihm plötzlich ausgeglitten:
dem POR FAN

ZEL EN LAN T

ELE

Ich mußte ihn hastig zusammenkitten:
den PORLANFANELEZELTEN.

Herr Paulke erinnert sich

Wenn wir Gendarm und Räuber spielten,
durfte ich nie ein Räuber sein.
Nicht ein einziges, lumpiges Mal
ließen sie mich auf Raubzug gehen.
Da habe ich nicht mehr mitgespielt,
das kann man doch wohl verstehen.

Zweifel

So, wie der Ameisenlöwe
kein Löwe,

der Silberfisch[1]
kein Fisch,

der Knurrhahn[2]
kein Hahn, ist...

So, wie Quartiere
keine Tiere,

Piroggen[3]
kein Roggen,

Kaldaunen[4]
keine Daunen sind...

So ist der Autor
kein Tor,

oder?

1 = Insekt
2 = Meerfisch
3 = Pasteten
4 = Innereien

Mit Namen spielen

Ihr kennt doch EMIL,
Emil, den Jungen?
Eben!
Irgendwann
verwirrte sich etwas
in seinem Leben.
Alle blieben,
und alles blieb
an ihm haften und kleben,
wo auch immer:
auswärts, daheim.
Mach dir darauf
nun selbst einen Reim.

EMIL – LEIM

Und seine Tante,
die EMMA,
hat jahrelang winzige Kinder
gesäugt, gehätschelt,
gewickelt, ernährt,
was (wenn man ihn richtig dreht)
ihr Name erklärt.

AMME

Ehrgeiz

1982:
Im Endlauf,
stolz und unzufrieden gewesen.

1983:
Vierter,
stolz und unzufrieden gewesen.

1984:
Zweiter,
stolz und unzufrieden gewesen.

1985:
Sieger und stolz gewesen.

1986:
Sieger,
stolz und unzufrieden gewesen,
Rekord verpaßt.

Pausenspiel

Es ging ein Bauer ins Holz,
es ging ein Bauer ins Holz.
Heißa Viktoria,
es ging ein Bauer ins Holz.

Der Bauer nahm sich eine Frau,
der Bauer nahm sich eine Frau.
Heiße Viktoria,
der Bauer nahm sich eine Frau.

Die Frau sprach: »Nein, mein Bauer«,
die Frau sprach: »Nein, mein Bauer.
Heißa Viktoria,
dein Holz ist mir zu sauer.«

Bumerang

Der Bumerang
kehrt zurück,
wenn er nicht getroffen hat.
Der Bumerang kehrt nicht zurück,
wenn er getroffen hat.
Mit bösen Worten ist's umgekehrt.

Blödsinn

Der Schabernack
schabt sich den Nacken.

Das Zickzack
zickt den scharfen Zacken.

Der Pumper
und der Nickel nicken.

Den Schnickschnack
hört man schnack- und schnicken.

Und alle schrein:
»Trari trara,
wir lieben das Allotria.«

Rätsel

Er springt springt springt

Dreispringen

Macht einen Denkspurt

Denksportler

Schlägt Haken, doch nicht
so sanfte wie Hasen

Boxer

Purer Unsinn

Der Schlampelkukuz
ist halb so blau
wie ein Pflamperdiklau,
genauso groß
wie ein Strimpelchenkloß,
gut doppelt so dick
wie ein Schwachtelpraschlick,
dünner jedoch
als ein Knickerschlamus.
So, nun weißt du's!

Blödeln

Utter fühlt sich
üde und att.
Sie acht sich
Inzentee.
»Inzentee acht
wieder unter«,
sagt Utter,
»und gut
ist er auch.
Mm!«

Dumm gefragt ist auch gefragt

Sind Blindschleichen
verwandt mit Brillenschlangen?
Welche Pflanze rankt sich
um Bohnenstangen?
Legt ein brauner Hahn
auch braune Eier?
Ist alles, was irgendwo brennt,
ein Feuer?
Wann hat ein Nimmersatt
endlich genug?
Sind freche Kinder
gescheit oder klug?
Sind Menschen stets traurig,
wenn sie weinen?
Wie lang ist ein Stockfisch
pro Tag auf den Beinen?
Muß man das wirklich alles wissen?
Das wirst du selbst herausfinden müssen!

Zungenbrecher

S schnelle Schwimmen macht schön Spaß,
wenn's im Gischt sprudelt und spritzt.

Glück

»Meine Glückszahl ist die 7«

»Meine Glückszahl ist die 13«

»Und meine Glückszahl ist die 10 1/2«

»Ausgerechnet? Wieso das?«

»So alt bin ich jetzt.«

Lesen lernen

Lettern sehen.
Laute hören.
Den Lettern Stimme geben.

Silben stottern.
Wörter stammeln.
Sätze bauen.

Abschnitte hinter sich lassen.
Seiten überfliegen.
Bücher verschlingen.

Überlesenes nachlesen.
Nachgelesenes überdenken.
Überdachtem zustimmen
oder widersprechen.

Was ist das?

Baum Baum Baum Baum Baum
Baum Baum Baum Baum
Baum Baum Baum
Baum Baum
Baum
B um

Waldsterben

Was ist das?

reden
reden
reden

hören

Eltern reden mit dem Kind

reden und hören
hören und reden
hören und reden
reden und hören

Vernünftige Eltern reden mit dem Kind

Und was ist das?

Mund hart
Auge böse
Finger groß

weinen

Schelte

Aus dem Sprachunterricht

»Sprachliche Nachlässigkeiten
werden nicht mehr geduldet!
Ein Mädchen, das sich ungenau ausdrückt,
ist eine Schlampe.
Und wenn sich ein Junge
ungenau ausdrückt,
ist er folgerichtig
ein Schlamper! Kapiert?«

Zahlenleitern

Was bekommt der Klassenerste
in Frankfurt?
Eine Eins.

Was bekommt der Klassenerste
in Zürich?
Eine Sechs.

Was bekommt der Klassenletzte
in Zürich?
Eine Eins.

Was bekommt der Klassenletztc
in Frankfurt?
Eine Sechs.

Wer überhaupt
hat diese Zahlenskala erfunden?
Eine Null?

Aus der Völkerkunde

»Ein Lappe geht so wenig in Lappen,
wie ein Lump in Lumpen.«

Aus der Geographiestunde

Der Horizont ist
langgestreckt am Meer,
gezackt und schartig
in den Bergen,
verschachtelt
in Städten,
hochfliegend und unbegrenzt
im Denken,
weit und umarmend
im Herzen.

Tierkunde

Dies Rätsel geht so:
4 Beine, 8 Lettern,
2 K und 2 o,
das Vieh geht nicht gern,
doch schwimmt's ziemlich viel,
folglich ist es ein …

Krokodil

Scheinbare Zeitwörter

Tafel schwamm
Sand floh
Wasser lachen
Fett sucht

Kata log
Wurst haut
Fenster laden
Zimmer flucht

Hühner stiegen
Kinder wiegen
Straßen graben
Strumpf band

Regen tropfen
Jäger knarren
Fersen blasen
Hand stand

Zusammenhängen!

Blickwinkel

Der Lehrer sagt von einem Kind:
»Ein Musterschüler!«

Die Klassenkollegen sagen:
»Ein Streber!«

Neue Mathematik

1 t
gab es ein Kind,
das hatte links
15
und rechts
15.
Drum konnte es,
wenn Ruhe verlangt war,
auf
2 × 15
gehn.

Eine Fünf und eine Sieben,
die einander und das Ungerade lieben,
können sich nicht zusammenfinden,
denn ihre Summe
widerspricht ihrer Zuneigung,
Arithmetik, dumme!

Doch erfinderisch
sind die, die sich lieben.
Sie fügten sich
als Ziffern zusammen:
Hinten die Fünf,
vorn die Sieben.

Hätten
80euner
80aretten,
gäb es für jeden eine.

Hätten 40euner
80aretten,
gäbe es zwei
für jeden alleine.

Hätten
80euner
40aretten,
sprächen sie:
»Lieber ’ne halbe als keine.«

Hätten
80euner
80arren,
begänne er wieder von vorn –
der Schmarren.

»Mir nach, marsch!«
schrie der Einer
drei Nullen zu.
Sie gehorchten im Nu.
Potz tausend!

Schulweg

Um die Ecke: Der Massagesalon.
Zehn Schritte weiter: Der Intim-Shop.
An der Kreuzung: Nachtlokal mit St. Pauli-Girls.
In der nächsten Straße: Das Sexkino.
Und am Schuleingang ein Flugblatt:
»Sexualunterricht gehört nicht in die Schulstube!«

Aus der Satzzeichenlehre

Ein Ausrufezeichen ist auch
Betonungszeichen
Freudenzeichen
Überraschungszeichen
Befehlszeichen
Staunzeichen
Nachdrücklichkeitszeichen
Schreckzeichen
Hilferufzeichen
Schreizeichen
Drohzeichen
Verblüffungszeichen
Schimpfzeichen
Wutzeichen.
Wohl dem, der lernt,
die Zeichen richtig zu deuten.

Der Strichpunkt
möchte kein Komma sein.
Der Strichpunkt
möchte kein Punkt sein.
Er möchte auch nicht halbwegs
ein Punkt sein.
Er möchte auch nicht halbwegs
ein Komma sein.
Er möchte nicht weniger
als ein Punkt
und nicht mehr
als ein Komma sein.
Er möchte sich selbst sein.
sich selbst.

Aus dem Geometrieunterricht

»Parallelen treffen sich nie,
wie traurig!«
sagt die Schülerin.

»Parallelen treffen sich
im Unendlichen,
das ist meine Hoffnung«,
sagt die Lehrerin.

Wie heißt das Fabeltier?

Der haarige filzige Pontelaff
lebt nicht im Wald,
lebt nicht im Schnee,
lebt nicht im Feld,
lebt nicht im See.
Er hängt an dir
und er folgt mir,
vor allem im Haus
und nur am Fuß
auf Schritt und Tritt,
auf Tritt und Schritt.

Pantoffel

Tierrätsel

Der Wolf,
die Ameise,
der Luchs,
die Drossel:

Nimm von jedem
den ersten Laut,
dann weißt du, wo

der erste die Höhle,
die zweite die Burg,
der dritte den Unterschlupf,
die vierte das Nest baut.

Wald

Geständnis

Meine Gier
bezähm ich nicht.
Meiner Begierden
schäm ich mich nicht:
Nicht meiner Neugier,
nicht meiner Lernbegierde,
nicht meiner Wissbegierde.

Etwas bleibt immer hängen

Nach der Rechnungsstunde:

Summen im Kopf
Summen im Kopf
Summen im Kopf

Nach der Singstunde:

Summen im Kopf
Summen im Kopf
ein Summen im Kopf.

Geschichte eines Hauses

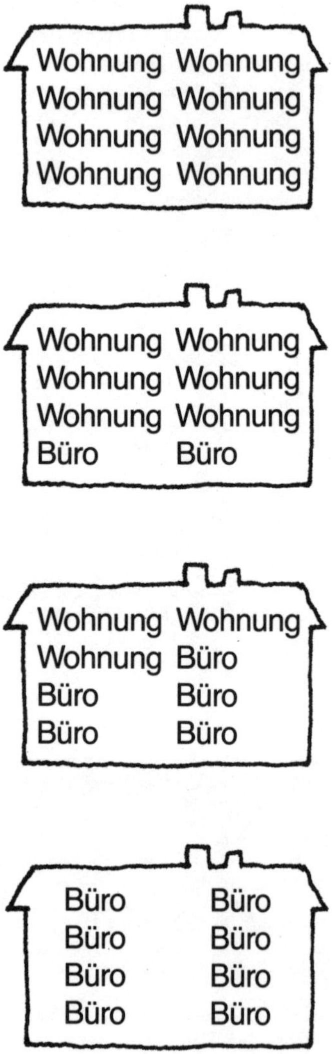

Klingelknöpfe

⊙ H. B. Nichts

⊙ Mark N. Sammler

⊙ Qu. Horn

⊙ Hans A. Hafen

⊙ F. Eu. Ranke

⊙ I. D. N. Spender

Habenichts, Markensammler, Kuhhorn, Hansahafen, Efeuranke, Ideenspender

Seltsame Besorgnis

»Mein Sohn ist eine ehrliche Haut,«
sagte ein Vater und seufzte,
als wär's ihm lieber,
der Sohn würde aus ihr fahren.

Herr Paulke erzählt

So wohnte ich früher:
Im Stockwerk unter mir: Unbekannte.
Im Stockwerk über mir: Unbekannte.
Linkerhand meiner Türe: Unbekannte.
Rechterhand meiner Türe: Unbekannte.
Dazwischen ich: Ein den Unbekannten Unbekannter.

Glück, wo man hinguckt

Familie Steiner ist restlos glücklich,
sie hat einen Fernseher, Videogeräte,
Stereoanlagen.

Familie Roth ist restlos glücklich,
sie hat einen Fernseher, Videogeräte,
Stereoanlagen.

Familie Schmidt ist restlos glücklich,
sie hat einen Fernseher, Videogeräte,
Stereoanlagen.

Auch die Fernseher-, Video-, Stereoindustrie ist
restlos glücklich.

Schüler einer 1. Klasse im Industriequartier Zürichs

Sandra Caforio, Ornella Cesare, Monica di Giorgio, Rosa di Santo, Maria Domingues, Leila Ghazala, Erica Martin, Belinda Notter, Janna Pantzouris, Sarah Schulthess, Gianna Spataro, Eleni Venakis, Roman Bøurkovic, Gregor Eichenberger, Oscar Fernandez, Angelo Francese, Renzo Morcaldi, Marcos Mouzo, Giuseppe Romano

Höflichkeit: Die internationale Sprache

Herr Schmidt aus Kassel
ging mal durch London, mal durch New York,
mal durch Nairobi, mal durch Hongkong,
und immer trug er unter dem Arm,
einen großen, meterlangen Kartong.
Und stieß er damit jemand an,
blieb er stehn, sprach bedauernd: »Pardong!«
Und weil er stets freundlich den Hut zog,
verstand man ihn überall gleich:
In London, New York,
Nairobi, Hongkong.

Juden haben viele Namen

Die Juden wurden verachtet
verspottet
verhöhnt

dann

verprügelt
vertrieben
vergast.

Die Türken werden verachtet
verspottet
verhöhnt…

Sich herausreden gilt nicht *

Was dem Deutschen der Türk,
ist dem Schweizer der Tamile,
dem Franzosen der Afrikaner.

Dem Türken,
dem Tamilen,
dem Afrikaner kein Trost.

Dem Deutschen,
dem Schweizer,
dem Franzosen
kein Freispruch.

Fernsehabend

»Vater, Mutter, hallo!«
»Pssst!«
»Ich bin…«
»Später!«
»Also ich wollte nur…«
»Ruhe!«
»Dann geh ich…«
»Momentchen. Gleich
haben sie den Mörder.
So, was wolltest du sagen,
mein Kind? –
Jetzt ist es wieder weg.
Nie kann man in Ruhe reden
mit ihm.«

Erfahrung

Ich kam zu spät nach Hause.
Ich kam zu spät zum Helfen.
Ich kam zu spät zum Essen.
Ich kam zu früh zur Schelte.

Aus einem Mieterverzeichnis

Hr. Kules
Frau Ledig
Fräulein Mann
Frau Kind
Hr. Odes

Abzählreim

Suvlakis, Kuskus,
Mettwurst, Kren.
Abwechslung
macht das Leben schön.
Sauerkraut und Makkaronen,
Pizza, Schaschlik,
Speck und Bohnen,
Tschiwaptschitschi
und Apfelkuchen:
Du mußt suchen.

Wandlung

Als unser Baby
den Nachbarn zum ersten Mal sah,
weinte es.
Als es ihn zum zweiten Mal sah,
wandte es den Kopf ab.
Als es ihn zum dritten Mal sah,
musterte es ihn.
Nun reitet es auf seinem Knie.

So klein und so klug!

Verwirrung

Als ein Spanier
nach Zürich kam,
sagte er:
»Hier kommt mir
alles schweizerisch vor.«

»Seltsam,«
sagte ein Zürcher,
»mir kommt ihre Redensart
spanisch vor.«

Sprachen sollte man können!

Englisch:
Mei plömpudding
mei puddingplöm
wos leik e grassgriin
böbbel göm.
Ei blöwd änd blöwd,
de böbbel cräcks
änd blöwd nau mii
from Tottenhäm
tu Hälifäx.

(Mein Wackelpudding
war wie ein grasgrüner Kaugummi.
Ich blies hinein, bis er platzte.
Nun blies er mich von Tottenham
nach Halifax.)

Kleine Geschichte

»Spaghettifresser!
Spaghettifresser!«
frotzelte Hans den Giovanni
und knuffte ihn auch.
Dabei roch Hans aus dem Maul
(dem tomatenverschmierten)
nach Parmesan und Knoblauch.

Drei Gärten

Vor dem Haus:
Bohnen, Tomaten.
Bienen sitzen auf Flox
und im Birnbaum die Spatzen.

Auf dem Balkon:
Geranien, Hängenelken.
In einem Käfig
singt der Kanarienvogel.

Im Zimmer:
Gummibaum, Feigengewächs.
Hinter ihm Elefanten und Gnus
auf der Tapete.

Gelernt ist gelernt

»Uhu, Uhu!«
heulte die Kuh.
Und eine rosarote Sau
maunzte »miau mio miau«.
»Ja«, sagte das Zwerghuhn
zu ihrem Mann:
»Meck meck, blö-hök, meck meck blö-höck,
gut, wenn man andere Sprachen kann.«

Risse

Hier,
das alte Haus
steht auf Abriß.

Grundriß
und Aufriß
sind längstens gezeichnet.

Und wenn der Neubau steht,
stehn die Zinsen auf Abriß.

Hausbesetzungen

Ein Mann, eine Frau:
Fünfzimmerwohnung.

Dreiköpfige Familie:
Zweizimmerwohnung.

Alleinstehender Mann:
Reihenhaus.

Wohngemeinschaft:
Ein Stockwerk.

Niemand, seit Jahren:
Mehrfamilienhaus.

Das Fremde macht Angst?

Für uns
sind die Andern anders.

Für die Andern
sind wir anders.

Anders sind wir,
anders die Andern,
wir alle Andern.

Wissen ist Macht

Vor 100 Jahren gab es Hungernde.
Die Satten wußten es.

Vor 50 Jahren gab es Hungernde.
Die Satten wußten es.

Vor 10 Jahren gab es Hungernde.
Die Satten wußten es.

Jetzt gibt es Hungernde.
Die Satten wissen es.

Wissen ist Macht.

Vorgang

Die Bevölkerung der Erde nimmt zu.

Die Bevölkerung der Erde nimmt zu.

Die Bevölkerung der Erde nimmt zu.

Die Bevölkerung der Erde nimmt zu.

Die Bevölkerung der Erde nimmt zu.

Die Bevölkerung der Erde nimmt zu.

Die Bevölkerung der Erde nimmt zu.
Die Bevölkerung der Erde nimmt zu.
Die Bevölkerung der Erde nimmt zu.

Herr Paulke denkt über sich selbst nach

»Ich bin
ein sogenannter kleiner Mann.

Ich bin
ein sogenannter Normalverbraucher.

Ich bin
ein sogenannter Durchschnittsmensch.

Ich gehöre
zum sogenannten einfachen Volk.

Von wem so genannt?«

Wunsch

»Oh, hätt ich doch
den Mut einer weißen Lilie,
eines bunten Schmetterlings,
einer schillernden Echse!«
»Sind die denn mutig?«
»Anmutig, ja.«

Mut haben

der Mut –
die Mute?
die Müter?

ein Wort ohne Mehrzahl

aber da ist doch
der Wagemut
der Übermut
der Todesmut
der Heldenmut –

alle männlich

dem Weiblichen
überlassen allein
die Demut

der Hochmut

Es gibt Leute,
die haben alles verloren,
was sie besaßen:
Die Unglücklichen!
Nur den Mut nicht:
Die Glücklichen!

Umgang mit einer Redensart

»Es steht ein Ochse am Berg.
Es steht ein Ochse am Berg.«
Wenn du dich fragst, mein Kind,
was das soll,
dann stehen zwei Ochsen am Berg,
dann stehen zwei Ochsen am Berg.

Tadel

Kind,
wenn ich manchmal so seh,
wie sich dein Vater benimmt,
was deine Mutter tut,
was bei beiden nicht stimmt,
wie ängstlich sie sind und verbogen,
dann muß ich dich schon fragen, mein Kind:
Wie hast du deine Eltern erzogen?

Herr Paulke war Augenzeuge

Erst jung und dumm
hinter Blechmusik und Trommeln
Füßeklopfen, Armewippen,
in der Kehle, auf den Lippen
markig zackig böses Lied.
In Reih und Glied,
in Reih und Glied.

Dann mit Pauken und Trompeten
hinter Fahnen Veteranen,
tschinderatapumpumpum,
ohne Arm, Rücken krumm,
links, rechts,
eins und zwei,
selbst mit Krücken
und Prothesen
immer noch
immer noch
immer noch im Takt dabei.

Überflüssiger Überfluß

Vornehm soll die Welt zugrunde gehn:
Einmal
zweimal
dreimal
viermal
fünfmal
sechsmal
siebenmal
achtmal
neunmal
zehnmal
elfmal
Aber niemand, der bis zwei zählen könnte.

Alle Atomwaffen würden genügen, die Erde elfmal auszulöschen.

Dialog

»Müssen wir unsere Streitmacht vergrößern?«
»Lieber heute als morgen.«

»Müssen wir unsere Kampfkraft verstärken?«
»Unter allen Umständen!«

»Müssen wir bis zum Umfallen kämpfen?«
»Ja doch – gegen Gewalt und Krieg.«

Zum Schnellsprechen

Manche Mächtigen meinen, Macht müsse
Menschen mutlos machen.
Mut macht mundtote Machtlose mächtiger.

Gewalten

Waffengewalt
Einflußgewalt
Führungsgewalt
Schlüsselgewalt
Entscheidungsgewalt
Befehlsgewalt
Hoheitsgewalt
Besitzgewalt

Duldung von Folter
Vorenthalten von Wissen
Hinnahme von Armut
Erhaltung von Unrecht

Lieblosigkeit
Erbarmungslosigkeit
Gewissenlosigkeit

Verhaltensregeln

Und was machen wir mit der Angst?

Auf dem Magen soll sie uns liegen.
Im Nacken soll sie uns hocken.
Den Schlaf soll sie uns rauben.
Daß wir wachbleiben.

Und was macht die Angst mit uns?

Nicht krank machen soll sie uns.
Nicht lähmen soll sie uns.
Nicht um den Verstand bringen soll sie uns.
Daß wir wachbleiben.

Fragen zu einer Inschrift

Einem Verstorbenen
in den Grabstein gehämmert:
»Er ruhe in Frieden.«

Warum diese Worte
nicht den Lebenden
in Kopf, Hand und Herz geschrieben?

Weil nicht ruhen darf,
wer Frieden will.

Zwillingsbrüder

Rolf wusch die Hasen.
Ralf fütterte die Hosen.

Rolf pflückte sieben Rasen.
Ralf mähte inzwischen die Rosen.

Dann hat sich Ralf mit Broten versorgt,
Rolf hat sich Stücke von Braten geborgt
und heimlich verzehrt.

Oder war alles umgekehrt?

Umgang mit einer Vorsilbe

Was soll man mit dem verflixten UN-
am besten tun?
Nun:
Vom GLÜCK
vom FALL
vom WETTER
vom RAT
soll man's verjagen.
Für den GEHORSAM jedoch
sollte man's immer
bei sich tragen.
Wer weiß, wann man's braucht!

Unglück, Unfall, Unwetter, Unrat, Ungehorsam

Rätsel lösen sich selbst

Welcher Kamm
hat keinen Zahn?
Frag den Hahn!

Welches Rad gibt es denn,
das nicht rollen
und fahren kann?
Frag den Pfauenmann!

Welche Scheren
kann man nicht schleifen?
Laß dich von den Krebsen kneifen,
dann wirst du's begreifen.

Wenn die Tannenmeise
auf der Eiche sitzt,
der Buchfink gleichzeitig
auf der Tanne,
während der Eichelhäher
auf der Buche hockt –
was ist das dann?

Purer Zufall!

Auf Bäume klettern

Ausschau halten
nach Steuerbord:
Land in Sicht.

Sich einnisten:
Jeder Ast ein Stockwerk,
die Krone eine Wohnung,
das Laub der Vorhang.

Herabblicken
auf Menschlein,
die das Baumklettern
längstens vergessen haben.

Wachsen

Größer werden.
Stärker werden.
Flinker werden.

Großzügiger werden.
Weitherziger werden.
Langmütiger werden.

Empfindsamer werden.
Hellhöriger werden.
Scharfsichtiger werden.

Beim Anhören von Geschichten

Wenn der Drachen gegen den Hund kämpfte,
habe ich mit dem Hund,

wenn der Hund die Katze verfolgte,
habe ich mit der Katze,

wenn sich Katze und Maus stritten,
habe ich mit der Maus mitgelitten.

Sucht die Wahrheit!

Die Wahrheit zu finden,
ist leicht:
Sie liegt auf der Hand,
lauert hinter der nächsten Ecke,
wartet auf deiner Zunge,
verkriecht sich
im finstersten Winkel,
die Spatzen pfeifen sie vom Dach,
ein Verstorbener
nimmt sie mit ins Grab.
Ein Lügner läßt sie entschlüpfen.

Der Großvater erzählt

»Was wird aus dir nur werden?«
fragte die Mutter,
der Lehrer,
meine Frau,
fragte ich mich selbst.
Fragte ich mich gestern,
frage ich heute,
werde ich morgen fragen.
Wenn ich nicht mehr frage,
bin ich nicht mehr.«

Kontrolliert werden

Der Vater sagt:
Einmal hat mich meine Mutter,
hat mich der Vater,
haben mich Nachbarn,
haben mich Lehrer
übertags, übernacht
überwacht.
Ihnen bin ich entkommen.
Nun haben mich heimlich
und unsichtbar
Computer, Karteien, Datenbanken
unter Kontrolle gebracht.

Ja, sagte der Sohn,
ich bin im Bild,
bin immer im Bild:
In Supermärkten,
in Schulkorridoren,
in Hauseingängen
verfolgen mich Monitoren.

Ja, sagte die Tochter,
wohin wir schauen,
Mißtrauen;
doch auch ich sammle Daten: *
Das Geburtsdatum der Mutter,
den Hochzeitstag der Eltern,
den Examenstag des Bruders,
den Namenstag der Freunde.
Ich sammle jene und diese
und ähnliche Daten
und dazu Blumen auf der Wiese.

Herr Paulke träumt vor sich hin

Er träumt von Knarren,
die nur noch knarren,

von Büchsenmachern,
die nur noch Konservenbüchsen machen,

von Feldherren,
die nur noch Herr
über ihr Kornfeld sind.

Er träumt von der Ministerpräsidentin,
der gelernten Köchin,
dem Staatspräsidenten,
dem gelernten Koch,
dem General,
dem gelernten Küchenchef,
die in der Küche
um die Wette rüsten.

Die feinen Unterschiede

Nicht sehen,
was es zu sehen gibt,

nicht hören,
was es zu hören gibt,

nicht fühlen,
was es zu fühlen gibt,

ist nicht dasselbe

wie sehen,
was es nicht zu sehen gibt,

zu hören,
was es nicht zu hören gibt,

zu fühlen,
was es nicht zu fühlen gibt.

Geschütteltes Elend

Als ich schwamm,
ward ich bestohlen,
weil am Ufer mein Kleid lag.
Jetzt werdet ihr wohl verstehen,
weshalb ich euch mein Leid klag.

Ursachen und Wirkungen

Der Esel hat nie gelernt,
n-ein, n-ein, n-ein
zu schrein.
Er kann sich drum nur
bockig sperren,
und störrisch zerren.
Drum muß man es ihm
auch verzeihn.

Wie Espenlaub zittern

Das Espenlaub
hat so wenig Furcht
wie die Blätter der Buche.
Es hat nicht mehr Angst
als das Laub der Eiche.
Warum zittert es dann?
Siehst du nicht,
wie hübsch das ist?

Lebensläufe

Kolumbus war ein Entdecker.
Marco Polo war ein Entdecker.
Maghellan war ein Entdecker.

Bevor sie's waren,
mußten sie

den Rand ihrer Wiege,
die Wände des Zimmers,
die Türe des Hauses
entdecken.

Immer dieses Unverständnis

Was hat sich Max
zum achten Geburtstag gewünscht?
Niemand verstand ihn.
»Sprich lauter!«
sagte die Mutter.
»Red deutlicher!«
sagte der Vater.
»Schrei's meinetwegen heraus!«
sagte der Onkel.
Max aber wollte nur das eine:
»*Murmeln.*«

Am Flußufer liegen

Die Silberpappel
pappelt und rauscht
mit silberner Stimm'.
»Jetz komm ich«,
sprach die Weide,
»wir rauschen alle beide.«
»Ich mache auch mit«,
raunte der Fluß,
»dann sind wir zu dritt,
und mit der Erle zusammen
und dem Holunder davor
rauschen wir gemeinsam im Chor.«
»Gut«, rief der Wind,
»aber wir rauschen die Weise
zärtlich und leise.
Dann träumt es schöner,
das Kind.«

Schritt für Schritt

Die Sonne geht auf. Noch.
Der Mond geht auf. Noch.
Die Saaten gehen auf. Noch.
Unsere Augen gehen auf. Endlich.

Kreislauf

Hätt ich den Schirm gekauft,
wär ich nicht naß geworden.

Wär ich nicht naß geworden,
hätt ich nicht kalt gehabt.

Hätt ich nicht kalt gehabt,
hätt ich nicht gefroren.

Hätt ich nicht gefroren,
wär ich nicht ins Wirtshaus gegangen.

Wär ich nicht ins Wirtshaus gegangen,
hätt ich den Schnaps nicht getrunken.

Hätt ich den Schnaps nicht getrunken,
hätt ich mein Geld nicht verloren.

Hätt ich mein Geld nicht verloren,
wär ich in den Laden gegangen.

Wär ich in den Laden gegangen,
hätt ich den Schirm gekauft.

Aufs letzte Wort kommt's an

Gehofft.
Enttäuscht worden.
Gehofft.
Enttäuscht worden.
Gehofft.
Enttäuscht worden.
Gehofft.
Enttäuscht worden.
Hoffen.

Liste der allerschädlichsten Schadstoffe

Gleichgültigkeit
Unbelehrbarkeit
Willkür
Bequemlichkeit
Feigheit
Selbstsucht
Eigennutzen

Fenstergeschichte 1

Im Zimmer ein Fenster.
Im Fenster der Himmel.
Im Himmel nichts als Bläue.

Auf dem Tisch ein Blatt.
Auf dem Blatt eine Hand,
zuerst verweilend,
dann schreibend:

Im Zimmer ein Fenster.
Im Fenster der Himmel.
Im Himmel ein weißes Wölklein
in der Bläue.

Naseweises

In eines Mannes Gesicht
fingen die Nasenflügel
eines Tages zu flattern an,
flogen mit der Nase davon.
Dazu ist nur das Eine zu sagen:
Der Mann hatte die Nase schon
immer zu hoch getragen.

Vergleich

Ein alter Mann
schneidet Brot.
Das Messer hat er gekauft
als Jüngling,
mit ihm geschnitten,
die Klinge geschliffen,
geschnitten,
geschliffen.

Nun ist die Klinge
beinahe beim Rücken angekommen,
schmal wie ein Stilett.
Der Mann betrachtet sie
und sagt:
»Wir sind gleich weit,
wir zwei.«

Ungekrönte Könige

Manche Lehrer
manche Hausmeister
manche Lehrmeister
manche Manager
manche Landbesitzer

So schnell wird man erwachsen

Früher,
wenn ich eine Dummheit riskierte,
sagten sie:
»Aber, aber HerzensKIND!«
Später:
»Was soll das, SpitzBUB!«
Noch später:
»JUNGE, JUNGE, das darf doch
nicht wahr sein!«
Nun sagen sie:
»Schäm dich, BlödMANN!«

Schönheiten

Knollennase,
abstehende Ohren,
welker Mund,
in den Augen
das Aufleuchten
inniger Zärtlichkeit.

Ebenmäßige Nase,
vollendete Ohrmuscheln,
zarte Elfenbeinhaut,
im Blick
eisige Kälte.

Psychologie

Angenommen,
du wärst zuoberst
auf einer Leiter angekommen,
sähest dich um
und würdest erst jetzt entdecken,
daß alle Sprossen fehlten,
ebenso die zwei Holmen –
glaub mir, du würdest hinunterfallen
vor lauter Schrecken

Fenstergeschichte 2

Auf dem Zaun
die Katze.
Auf dem Baum
die Amsel.

Jetzt:
Die Katze
auf dem Baum.
Die Amsel
auf dem Zaun.

Am Fenster
ein lachendes Kind.

Eigentum

Ein Mann besitzt
eine Zahnbürste,
besitzt einen Rasierapparat,
besitzt mehrere Anzüge,
besitzt eine Schreibmaschine,
besitzt einen Wagen,
besitzt eine Eigentumswohnung.

»Aber eine Frau und ein Kind
besitzt er nicht«,
sagt seine Frau,
sagt sein Kind.

Vor dem Einschlafen:

Schlaf, Kindlein, schlaf,
unterm Bett, da blökt ein Schaf,
ein Krokodil hockt auf der Decke
und auf dem Kissen eine Zecke.
Im Kasten rumpelt eine Kuh,
draußen brüllt ein wildes Rind,
und alle rufen: Gute Ruh!!!
Schön gute Ruh, mein Kind!!!

Was die Einen von sich und den Andern denken

Der Selbstzufriedene
beurteilt sich so:

freundlICH
ehrlICH
verläßlICH

die andern so:

DUsselig
DUmm
DUbios

Der Unsichere
beurteilt sich so:

häßlICH
kleinlICH
unglücklICH

die andern so:

DUfte

Ein Treppenleben

Auf den Knien rutschend
die Treppe erklimmen.

Dem Geländer entlang
die Treppe erobern.

Stufen überspringend
die Treppe erstürmen.

Vollbepackt keuchend
die Treppe in Etappen einteilen.

Auf den Stock gestützt
die Treppe verwünschen.

Die Treppe hinunter
getragen werden.

Einigkeit

Der Vater hat nix
Die Mutter hat nix
Die Tochter hat nix
Der Sohn hat nix
als das Geld im Kopf

Frechheit

Hummel,
da sticht ja
der Himmel
den Hammel.
Ich kann aber gar nichts dafür.
Dieses Gestummel
schrieb mein klitzekleiner
Bleistiftstammel,
als ich auf einem Bammel war und
Bummel hatte vor einem Hund.

Nachrichten aus den Königshäusern

Warum schnitt der Kaiser Grimassen
und stöhnte, als man ihn krönte?
Eine Mücke saß unter der Krone,
fühlte sich falsch am Platze,
konnt' es nicht lassen
und stach den Kaiser
in die Glatze.

Was tat die Prinzessin auf der Erbse,
als sie auf zwanzig Matratzen
und zwanzig Eiderdaunendecken
nicht schlummerte,

nicht döste,
nicht schlief?
Sie rief, sie rief:
Man soll mir eine Leiter bringen,
ich traue mich nicht, aus dem Bett zu springen!

Wie trinkt eine Königin den Tee?
Sie trinkt ihn aus Porzellan,
weiß wie Schnee,
versteht es, die Henkel der Tassen
mit spitzen Fingern zu fassen,
sitzt kerzengerade im Throne und
führt den Tee
wunderbar zierlich zum Mund.
Mit spitzen Lippen versucht sie,
und wenn sie den Mund verbrennt,
flucht sie.

Wo sitzen die Kaiser,
die Kaiserinnen?
Wo sitzt der König,
die Königin?
Wo sitzen sie, wo?
Genau wie du und ich:
auf dem Po.

Fenstergeschichte 3

Ich konnte nicht schlafen,
machte Licht.
Die Fenster
jenseits der Straße
blind und dunkel,
nur eines warm und hell.
Du dort und ich,
wenn wir uns winkten,
wär's eine Verschwörung,
von der niemand
was weiß.

Wortbrüche

Ich sollte den Schnee vor dem Hause wegräumen,
es war mir aber nicht danach.
Ich nahm ein kleines BESELCHEN,
nur weil ich's grad in der Nähe sah,
worauf es beim ersten tüchtigen Schub
kricks und kracks in drei Stücke zerbrach.

B ESEL CHEN

Ja, wie stand ich jetzt da?

Sachlich, möglichst genau

Anhang mit Materialien
zu den Sprachbüchern von Hans Manz

Foto Alexa Gelberg

Hans Manz, biographische Notiz

Am 16.7.1931 geboren in Wila bei Zürich. In einem Bauernhaus aufgewachsen. Vater Landwirt und Gemeindeschreiber, Mutter ehemalige Lehrerin. Drei Geschwister. In Winterthur und Zürich Ausbildung zum Primarlehrer. Während 35 Jahren unterrichtete Hans Manz Primarschüler in Erlenbach und Zürich. Seit 1987 freier Schriftsteller und Journalist. Wohnhaft in Zürich. Mitarbeit am Schweizer Radio und Fernsehen, am »Tages-Anzeiger-Magazin« und an den »Luzerner neuesten Nachrichten«. Neben Gedichten, Kabarettexten und Übersetzungen veröffentlichte er »Lügenverse, Kinderreime«, 1968, »30 Hüte« (Kinderreime), 1969, ferner die Kinderbücher »Konrad«, 1970, die »Eß- und Trinkgeschichten«, 1974, das Sprachspielbuch zu Bildern von Wilfried Blecher »Eins, Zwei, Drei, mach vielerlei«, 1973, die *zärtlichen Geschichten* »Adam hinter dem Mond«, 1976, und vor allem die sogenannten Sprachspielbücher: »Worte kann man drehen«, 1974 (Auswahlliste Deutscher Jugendbuchpreis 1975), »Die Kunst, zwischen den Zeilen zu lesen« (ursprünglich: »Kopfstehen macht stark oder Die Kunst, zwischen den Zeilen zu lesen«), 1978, 1986 (Auswahlliste Deutscher Jugendbuchpreis 1979), und »Lieber heute als morgen«, 1988 (IBBY-Ehrenliste 1990). Für »Adam hinter dem Mond« wurde er mit dem Preis der Schweizer Schiller-Stiftung ausgezeichnet. Hans Manz ist Herausgeber der »Schweizer Sagen«, 1976; sein bisher einziger Roman, »Grund zur Freude«, erschien 1981. Hans Manz ist der Übersetzer mehrerer bekannter Bilderbücher (von Sendak, Ungerer, Gorey und anderen). Gegenwärtig arbeitet er an Erzählungen für Erwachsene.

Eine Vorstellung

Ich stelle mir eine Schule vor, in der eine ganz neue Sprachlehre entsteht.
»Sieh dich vor!« ruft der Lehrer dem verspäteten Schüler unter der Tür zu, »ich werfe mit Sätzen nach dir: Warum kommst du zu spät? Wo hast du dich wieder herumgetrieben? Siehst du nicht, daß alle schon hier sind? Spar dir die faulen Ausreden im voraus...«
Der Lehrer schaltet eine Pause ein, wird ein vernünftiger Mensch und fragt: »Hast du gemerkt, was ich mit dir gemacht habe?«
»Ja«, sagt der Schüler, »Sie haben jedem Satz sogleich einen nächsten nachgeworfen, damit ich keinen zu fassen kriege. Der nächstfolgende hat den vorhergehenden in mich hineingetrieben. So habe ich mich nicht wehren können. Ich habe das Gefühl gehabt, unter einem Hagel von Worten zu ersticken. Genauer: Sie haben mich mit den Sätzen gesteinigt. Ihre Sprache war eine Steinigungssprache.«
»Was hättest du tun können?« fragt der Lehrer weiter.
»Am besten wär's, ich könnte gefaßt und ohne Angst dastehen und denken: Es lohnt sich nicht, auf die Worte zu achten, es sind ja Steine, ich warte, bis die Steine wieder zu Worten werden, die mich auch zu Wort kommen lassen.«
Der Schüler hat somit erfahren, daß die zornigen Fragen am Anfang der Stunde nicht Fragen, sondern Vorwürfe waren und daß diese Vorwürfe nicht dazu dienten, daß er sie pariere, sondern daß er erschlagen werde. Dieser Schüler wird auf der Hut sein.
Der Stundenplan der neuen Sprachlehre wird merkwürdige Fächer enthalten: Honigsprache, Stausprache, Seufzersprache, Bissensprache, Podestsprache, Echowandsprache, Verfolgungssprache, Versteckspache und so weiter. Nehmen wir die Honigsprache. Der Schüler erfährt, daß sie von jenen gesprochen wird, welche Kinder zum Auffressen gern haben. Ja, zum Auffressen. Der Honig, mit dem das Kind übergossen wird, soll es schmackhafter machen, klebrig auch, damit das Kind haften bleibt, unselbständig, ein selbstsüchtiger Besitz der Mutter – zum Beispiel.
Wieder anders verhält es sich mit der Stausprache. Wer sie spricht, schweigt. Er sammelt Wut an. Indem er sie ansammelt, wird sie immer größer. Man spürt sie zwar, weiß aber nicht, wem sie gilt und auf welchen Vorfall sie sich bezieht. So bekommt man sie nicht in

den Griff, ist ihr ausgeliefert. Der Stauende wird immer größer, geladener, gefährlicher. Er bläst sich auf wie der Geist, der aus der Flasche kam. Und genau wie in dieser Flasche lauert in der Stausprache die Zerstörung. Das Kind muß lernen, sie beizeiten anzustechen, die Wut hervorzulocken, damit es nicht später, wenn der Staudamm bricht, hinweggefegt wird.

Jede Sprache ist also das Werkzeug einer Absicht. Zu den feinsten und kaum wahrnehmbarsten Mitteilungen gehört die Seufzersprache. Sie erscheint leise und harmlos und kann doch ein böser Terror werden. In kleinen Grenzen ist sie ein vielleicht notwendiges Signal, weil der Seufzende Hilfe braucht. Wird sie aber immer und überall angewandt, schürt sie Schuldgefühle und verhindert, daß der Mitmensch seine eigenen Sorgen und Kümmernisse ausdrückt, weil der Seufzende dauernd nur auf sich aufmerksam macht.

Man sieht: ein neuer Sprachunterricht würde zuallererst, vor aller Wortschatzerweiterung, Syntax, Grammatik, Poetik und Orthographie bewußt machen, daß Laute, Sätze und Wörter ein lebensbestimmendes, lebensgefährdendes, lebenserhaltendes Instrumentarium sind. Der Schüler erfährt, daß man nicht immer miteinander, untereinander, füreinander spricht, sondern gleicherweise gegeneinander, übereinander, aneinander vorbei.

Was aber das Wichtigste ist: Die Kinder erleben, daß Sprache immer eine Kommunikation ist. Das klingt wahrscheinlich nach all dem oben Gesagten widersinnig – dennoch ist es wahr. Wenn ein erster den andern bloß als Echowand benutzt, ihm die Ohren vollschwatzt, ohne die eigenen Ohren dem andern zu leihen, dann ist es die Aufgabe des zweiten, die Einseitigkeit zu durchbrechen, sich selbst Gehör zu verschaffen und den ersten so zu erziehen.

Erst wenn das Kind begriffen hat, daß es jederzeit ein solcher Gesprächspartner ist, wird es abwehrende, angreifende, Mißtrauen abbauende, Schranken durchbrechende Initiative entwickeln.

Weil es nun aber der schwächere Teil ist, muß man es mit Erfahrungen, Deutungen, Einsichten stärken, ihm eine Überlegenheit oder doch Gleichlegenheit verschaffen.

»Halt!« könnte da jemand einwenden, »Kinder sind durchaus nicht immer die Schwächeren.« Stimmt! Es gibt Kinder, die von sich aus lernen, die Erwachsenen zu täuschen, zu hintergehen, hereinzulegen, in Atem zu halten, ihrerseits zu terrorisieren. Das sind aber Fähigkeiten, die aus Notwehr oder Verachtung heraus entstanden

sind und den Charakter der Kinder bereits verbogen haben. Diese Kinder werden mit ihren Kindern die alten dummen Sprachregeln wiederum anwenden, und nichts ist gewonnen.
Eine neue Sprachlehre kann es aber nur geben, wenn sie von den Lehrern und andern Erwachsenen selbst erlernt worden ist, die folglich wissen, was man mit Worten anrichten kann und das Wissen nicht auch schon wieder zu ihrem Vorteil nutzen.

Nachwort von Hans Manz zu »Worte kann man drehen«, 1974

Noch ein Nachwort

Seit vielen Jahren beobachte ich, wie Kinder mit Sprache umgehen. Dabei ist mir vor allem aufgefallen, daß Kinder ein viel ungebrocheneres Verhältnis zum reinen, zweckentbundenen Sprachspiel haben als wir. Die Kinder fragen ja auch nicht nach dem Nutzen ihrer Spiele in Haus, Hof, Wiese, Wald. Wichtig ist ihnen die Bewegungsfreiheit des Jonglierens, Vertauschens, Veränderns. Ein einfaches Beispiel: Aus Hasen werden durch bloße Lautveränderung Hosen. Ob das einen Sinn hat, interessiert die Kinder nicht. Sie lachen und probieren auf der Stelle weitere Umformungen aus. Und *das* hat einen Sinn! Selbst mit sogenannten schwierigen, doppelsinnigen Texten verhält es sich gar nicht soviel anders. Die Kinder stutzen zuerst, aus dem Stutzen erwächst das Raten, das Suchen nach dem Hintersinn. Es erinnert an das Suchen beim Versteckspiel. Wenn das nicht so wäre, hätte es ja auch nie die Lust an Rätseln gegeben, die so alt ist wie die Literatur selbst. Ich habe von Kindern schon selbstgebastelte Texte bekommen, die so gut waren wie meine eigenen. Ich schäme mich deswegen nicht – im Gegenteil!

Nachwort von Hans Manz zu »Kopfstehen macht stark oder Die Kunst, zwischen den Zeilen zu lesen«, 1978

Sprechen – hören – träumen – hoffen

Ein Puzzle liegt verstreut auf dem Tisch. Wir wissen, daß am Ende des Zusammensetzens ein ganzes, buntes Bild entstehen wird. Bis es soweit ist, muß beobachtet und probiert, müssen Formen und Bruchstücke von Figuren verglichen werden.
Mein Buch ist auch ein Puzzle. Es war eins für mich, als ich es schrieb. Jetzt ist es eins für alle, die es lesen. Was mich betrifft: Ich habe einfach angefangen, zwei, drei kurze Texte zu schreiben. Von ihnen sind meine Gedanken ausgeschwärmt und als neue Einfälle zurückgekehrt. Wenn man denkt, bewegen sich immer auch die Gefühle mit. Gedanken und Empfindungen sind aber flatterhafte oder widerspenstige Wesen. Man muß sie einfangen und in einer Form festfügen. Nur so halten sie still. Nun kann man sie überblicken und überdenken. Eine solche Form kann ein Reim sein, ein ungereimtes Gedicht, eine logische Wortkette, eine Sprachspielerei und so weiter. Jedenfalls: Die Formen vermehrten sich. Und an einem bestimmten Punkt des Schreibens lag auch so etwas wie ein ganzes, buntes Bild vor mir. Man könnte sagen: Das bin ich. Es zeigt, wie ich die Dinge und die Menschen sehe. Man sieht auch, wie ich urteile, träume und hoffe. Aus den einzelnen Formen hat sich ein winziges Universum zusammengefügt. Jeder Mensch birgt in seinem Innern ein Universum, ob er nun schreibt oder nicht. Mit jedem Lesen erweitert er es. In meinem Puzzle-Buch ist es nun so, daß es sich am leichtesten zusammensetzt, wenn man ganz normal von vorn nach hinten liest. Ich habe die Texte so aufgereiht, daß sie am Anfang wie zufällig hingeworfen wirken. Je weiter man aber vorwärts liest, desto mehr ergänzen sie sich gegenseitig zu eben jenem Bild, für das uns das Puzzle den Vergleich geliefert hat.

Vorwort von Hans Manz zu »Lieber heute als morgen«, 1988

Über meine Kinderlyrik soll ich schreiben...

... wie ich sie in der Schule verarbeite. Ich will's versuchen, allerdings mit der Anmerkung versehen, daß meine Texte keineswegs ausdrücklich für den Schulgebrauch gedacht sind, sondern ebenso für selbständige Leser unterschiedlicher Altersstufen. Am liebsten wünschte ich mir, daß sie zur Familienlektüre würden.

Kinderlyrik hat seit jeher eine breite stoffliche Bandbreite abgedeckt. Sie setzt kindliche Emotionen in Gang, regt zum Denken an, ist eines der ersten Übungsfelder im Umgang mit Kultur. Und weil sie immer volkstümlich ist, haben sich in ihr alte, eingängige Reimformen, tanzähnliche Rhythmen, lapidare Formulierungen viel eher erhalten als in anderen literarischen Kategorien. Auch ich kann und will auf Reime und gesprochenen Singsang nicht verzichten, vor allem dann nicht, wenn es um traditionelle Anwendungsbereiche von Reimen geht, wie in Abzählversen:

Souvlakis, Kuskus,
Mettwurst, Kren.
Abwechslung,
macht das Leben schön.
Sauerkraut und Makkaronen,
Pizza, Schaschlik,
Speck und Bohnen,
Tchiwaptschitschi
und Apfelkuchen:
Du mußt suchen!

Zugegeben: In den stampfenden Rhythmus dieses Auszählers habe ich einen Hintersinn verpackt. Aber zunächst soll er einmal gelernt werden, damit er beim nächstfolgenden Spiel gebraucht werden kann. Natürlich wird gefragt: Was sind Souvlakis, was ist Kuskus (Couscous)? Und indem die Fragen beantwortet werden, kommt man von selbst auf verschiedene Eß- und Kochgewohnheiten verschiedener Völker zu reden und auf das Zusammenleben mehrerer Volksgruppen. So ganz von ungefähr bin ich ja nicht Lehrer in einer Klasse, in der acht verschiedene Muttersprachen gesprochen werden.
Sprachlich einfach soll also ein Kindertext sein. Einfach heißt aber

nicht »unbedarft«, »einfältig«. Er kann durchaus eine Denkleistung abverlangen. Ich frage die Kinder: Was ist warm? Und was ist kalt? Sie antworten: Die Sonne ist warm, ein geheizter Ofen, eine Mütze. Und kalt sind Eis und Schnee, ein Keller. Ich nicke, lese nun folgenden Text vor:

Was ist warm und was ist kalt?

Warm ist:
Ein Blick, der deine Angst schmilzt,
ein Wort, das deinen Zorn erweicht,
eine Bewegung, die deine Verstockung löst,

Kalt ist:
Ein Blick, der dir das Wort abschneidet,
ein Wort, das dein Lachen einfriert,
eine Bewegung, die dich erstarren läßt.

Die Kinder stutzen. Dann begreifen sie sofort: Das ist eine andere Wärme und eine andere Kälte, als man im ersten Augenblick genannt hat. Und es beschäftigt sie, warum man (auch Erwachsene) zuerst an dingliche, äußerliche Temperaturunterschiede denkt und nicht an die mindestens so wichtigen in den gegenseitigen Beziehungen.
Überhaupt die Texte, welche sich mit Beziehungen befassen! Darüber reden Kinder gern, auch mit Erwachsenen.

So sind Eltern

Mögen uns nicht aus den Augen lassen.
Können uns nicht aus der Hand geben.
Stecken die Nasen in alles.

Und so sind die Eltern:
Ihre Auge ruht wohlgefällig auf uns.
Haben immer ein Ohr für uns,
auch wenn sie uns
nicht mehr im Griff haben.

Die Kinder setzen diese Aussagen augenblicklich in konkrete, alltägliche Erfahrungen um. Und sie tun das in der Regel mit einem so gelassenen Verständnis für die Sorgen der Eltern, daß ich schon oft

gedacht habe, manchen Eltern wäre so viel liebevolle Toleranz auch zu wünschen.
Manchmal allerdings packe ich die Gelegenheit beim Schopf und mache auf die schöne Bildhaftigkeit der Sprache aufmerksam: *Im Griff haben, im Auge behalten* – wie *handfest* illustrativ ist das doch! Und wenn die Kinder nach weiteren, ähnlichen Redensarten suchen, lehrt sie das, den *Leuten aufs Maul zu schauen.*
Und jetzt sie selbst, die Kinder:

So sind Kinder

Fühlen sich zugehörig,
wie sich's gehört.
Setzen sich ab,
wie sich's gehört.
Lieben und kosen,
wie sich's gehört.
Wenden sich ab,
wie sich's gehört.
Schmeicheln und betteln,
wie sich's gehört.
Sagen und machen Dinge,
die sich nicht gehören,
wie sich's gehört.

Gelächter, Bestätigung dessen, was man selbst denkt, und das tut wohl. Man kann nicht immer lieb sein, sagen die Kinder, das ist nicht gesund. Auch die Erwachsenen halten sich nicht immer an die Regeln.
Übrigens: Man könnte auf die merkwürdige, verräterische Wortkette aufmerksam machen, die aus dem Text hervorgeht: Hören, gehören, angehörig, zugehörig, hörig/horchen, gehorchen. Der Hinweis auf derartige Zusammenhänge genügt. Es ist mir zuwider, Texte breitzuwalzen oder auszupressen.
Wenn man nun von der Situation ausgeht, daß Kinder zu den Kleinen, Abhängigen gehören, ist ihnen auch das folgende Gedicht ohne weiteres zugänglich:

Herr Paulke denkt über sich selbst nach

Ich bin
ein sogenannter kleiner Mann.

Ich bin
ein sogenannter Normalverbraucher.

Ich bin
ein sogenannter Durchschnittsmensch.

Ich gehöre
zum sogenannten einfachen Volk.
Von wem so genannt?

Kinder wissen sehr wohl, daß angeblich Kleine immer nur klein sind im Verhältnis zu selbsternannten, vermeintlichen Großen. Es ist pädagogische Pflicht, Kindern Mut zu machen. Das muß selbstverständlich zuallererst im geduldigen, nie destruktiven, nie machtbesessenen Umgang mit ihnen geschehen. Warum aber soll man einem Mutlosen oder noch Wankelmütigen nicht auch auf literarischem Weg die Zuversicht stärken?

Lebensläufe

Kolumbus war ein Entdecker.
Marco Polo war ein Entdecker.
Maghellan war ein Entdecker.

Bevor sie's waren,
mußten sie

den Rand ihrer Wiege,
die Wände ihres Zimmers,
die Türe ihres Hauses
entdecken.

Nach so viel Pädagogik und Methodik überkommt mich immer die Lust, vom Erklären, Analysieren der Texte wegzukommen. Und ich denke, daß es den Zuhörern nicht anders geht. Das simple Anhören von Poesie ist eine genauso wichtige Form der Vermittlung.

Glückspilz

Junge,
sieh da die zwei Mädchen:
Eins macht dir schöne Augen.
Das andere senkt seinen Blick.
Dem ersten errötet das Gesicht.

Dem zweiten erblaßt es.
Dieses lacht dir entgegen.
Jenes betrachtet dich mit Ernst.
Aber beide
lieben dich gleichermaßen.

*

Begegnung

Er hätte sie
beschützen mögen.

Er hätte ihr alles geopfert.
Er hätte
sein Leben hingegeben für sie.

Aber:
Sie brauchte
seinen Schutz nicht.

Die Last der Opfer
waren ihr zu schwer.

Und sie wollte ihn
lebendig.

Lyrik, die eine Begebenheit, ein Erlebnis, eine winzige Geschichte erzählt (und dies kommt gleichermaßen in der traditionellen und modernen Kinderlyrik häufig vor), spitzt sich meistens zu einer Pointe zu, oder sie hält eine auf den ersten Blick verborgene Veränderung fest, die es wie bei einem Rätsel zu erraten gilt. Sie zwingt den Leser (oder Zuhörer), sich den Vorgang genau und aufmerksam vorzustellen:

Fenstergeschichte

Im Zimmer ein Fenster.
Im Fenster der Himmel.
Im Himmel nichts als Bläue.

Auf dem Tisch ein Blatt.
Auf dem Blatt eine Hand,
zuerst verweilend,
dann schreibend:

Im Zimmer ein Fenster.
Im Fenster der Himmel.
Im Himmel ein weißes Wölklein
in der Bläue.

Fast alle hier zitierten Poesiebeispiele sind in eine offene, ungereimte, unauffällig rhythmisierte Form gebracht worden. Zu den überlieferten Reimen und Taktmassen kehre ich immer dann zurück, wenn es ums Scherzhafte, Leichtlebige geht. Das von Problemen beladene Leben läßt sich leichter ertragen, wenn auch der Unfug zu seinem Recht kommt. Das übrigens wissen die Kinder besser als wir.

Dumm gefragt ist auch gefragt

Sind Blindschleichen
verwandt mit Brillenschlangen?
Welche Pflanze rankt sich
um Bohnenstangen?
Legt ein brauner Hahn
auch braune Eier?
Ist alles, was irgendwo brennt,
ein Feuer?
Wann hat ein Nimmersatt
endlich genug?
Sind freche Kinder
gescheit oder klug?
Sind Menschen stets traurig,
wenn sie weinen?
Wie lang ist ein Stockfisch
pro Tag auf den Beinen?
Muß man das wirklich alles wissen?
Das wirst du selbst herausfinden müssen!

Aus »Jugend und Literatur«, Nr. 2, 1988

Hans ten Doornkaat

Gereimtes und Ungereimtes

Gedichte von *Hans Manz* verleihen den Kindern Worte. Er ergreift das Wort für Kinder, und er gibt den Wörtern, die sie kennen, einen neuen Sinn. Indessen geht es dabei nicht um Wortschatzübungen, wohl aber um das Entdecken von Sprach-Schätzen, um den Wert der Worte und die Werte in den Wörtern.
Von allen Neuerscheinungen des ersten Halbjahres 1988 war ich am meisten gespannt auf das neue, das dritte Sprachbuch von *Hans Manz*, auf »Lieber heute als morgen«. Nicht aus Lokalsympathie, sondern weil seine Texte stets eine intensive und zugleich spielerische Auseinandersetzung mit der Sprache enthalten. So experimentiert er nicht bloß mit Worten. Vielmehr ist er seit Jahren daran, die Möglichkeiten der modernen Lyrik für die Kinderliteratur nutzbar zu machen. Je weiter er sich dabei entfernt von den herkömmlichen Vorstellungen über das »Kindgemäße«, desto näher kommt er den Spracherfahrungen von Kindern. – Hören wir da nicht ein Pausengespräch...

Ferienerzählungen

»Bin auf den
höchsten Berg gestiegen.«

»Bin im tiefsten
Meer geschwommen.«

»Bin durch die
weiteste Ebene gefahren.«

»Bin unterm Apfelbaum gelegen,
hab meine Träume fliegen lassen:
Höher als die höchsten Berge,
tiefer als die tiefsten Meere,
weiter als die weitesten Ebenen.«

Wir wollen hier weder den Zeilenaufbau noch den Wortgebrauch interpretieren. *Manz'* Texte sind ja gerade nicht Objekte für den Reim-Unterricht, sondern Gesprächsangebote; leise Gedanken in knappe, aber kunstvolle Formen gefügt und immer Mut machend für diejenigen, die sich in die Zeilen hineindenken und sich den eigenen Vers darauf machen.

Lebensläufe

Kolumbus war ein Entdecker.
Marco Polo war ein Entdecker.
Maghellan war ein Entdecker.

Bevor sie's waren
mußten sie
den Rand ihrer Wiege,
die Wände des Zimmers,
die Tür des Hauses
entdecken.

Fast lapidar reiht *Manz* ähnliche Zeilen aneinander. Doch genau das gibt ihm die Freiheit, in den kleinen Inhaltsverschiebungen jenen Hintersinn auszumachen, den er in der Pointe vollends freilegt.

Schritt für Schritt

Die Sonne geht auf. Noch.
Der Mond geht auf. Noch.
Die Saaten gehen auf. Noch.
Unsere Augen gehen auf. Endlich.

Formal sind solche Satzreihen näher am traditionellen Kinderreim als die Gedankenschärfe vermuten läßt. *Manz* liebt es allerdings auch, vertraute Spielverse zu parodieren:

Abzählreim

Souvlakis, Kuskus,
Mettwurst, Kren.
Abwechslung
macht das Leben schön.
Sauerkraut und Makkaronen,
Pizza, Schachlik,
Speck und Bohnen,
Tschiwaptschitschi
und Apfelkuchen:
Du mußt suchen.

Sind die Zutaten dieses Spielverses zu weit hergeholt? – Nicht von weiter als die Eltern der Kinder, die nun auf dem Schulhof einander verstehen sollen.

»Mein Buch ist ein Puzzle.« Nicht nur innerhalb eines Gedichtes formen Redewendungen oder kurze Sätze Wortschritt um Wortschritt ein Bild. *Manz* selbst versteht sein ganzes Buch als ein Zusammensetzspiel. So findet sich etwa zum Thema »Ferien« auch noch diese Skizze aus Wörtern; aus Sprichwörtern, welche den Wünschen Sprache verleihen:

Ferien machen: eine Kunst

Nichts müssen,
nichts sollen.
Nur dürfen
und wollen.
Jeder Tag
ein unvorbereitetes Fest.
Sich einigen,
wer
wann
wo
was
wie
mit wem
tut oder läßt.

Sehnsüchte, Empfindungen und Erfahrungen erhalten so Wortgestalt. Gefühlsduselig schreibt *Manz* allerdings nicht. Davor bewahrt ihn seine konkrete Absicht: sein Suchen nach einer Moral, die er in individuellen Szenen handfest zeigt, die aber stets eine gesellschaftliche ist. Doch anders als in vielen Kinderbüchern beengt diese Absicht den Autor nicht. Oft geht es ihm nämlich um die Vielfalt der Standpunkte, denen er je bezeichnende Wörter zuordnet.

So sind Eltern

Mögen uns nicht aus den Augen lassen.
Können uns nicht aus der Hand geben.
Stecken die Nasen in alles.

Und so sind die Eltern:
Ihre Auge ruht wohlgefällig auf uns.
Haben immer ein Ohr für uns,
auch wenn sie uns
nicht mehr im Griff haben.

Mit dieser einfachen Wortkunst macht *Manz* die Natur der Sprache verständlich. Er zeigt die Wörter gewissermaßen von ihrer menschlichen Seite, indem er Stärken und Schwächen der Wörter und ihrer Benützer sichtbar macht.

Sprachschwierigkeiten

Wenn ich sie sehe,
denke ich:
Sie ist schöner als alle.

Wenn ich sie höre,
denke ich:
Die Stimme eines Engels!

Wenn ich an sie denke,
denke ich:
Wie klug ist sie doch!

Wenn ich mit ihr rede,
sage ich:
»Du hast einen Fleck auf der Bluse!«

Naivität und Sprachbewußtsein bilden bei *Hans Manz* eine selten glückliche Verbindung. Er weiß mit der Abgeklärtheit eines schreibenden Erwachsenen um die Gewichte der Wörter, und er gibt diesen die treffsichere Leichtigkeit und den ungezwungenen Ernst, deren Zusammenspiel die Philosophie der Kinder auszeichnet. Kaum ein anderer Kinderautor arbeitet so nahe bei Ernst Jandl und Erich Fried. Doch seine Texte sind nicht einfach eine Vorschule für die »richtige« Literatur, sie ermöglichen vielmehr die unmittelbare Teilhabe daran. Denn bei aller Sprachakrobatik redet *Hans Manz* nicht den großen Wörtern das Wort, sondern den Emotionen der Kleinen.

Aus »Fundevogel«, September 1988

Hans ten Doornkaat, geboren 1952, M.A., war während seines Studiums (Anglistik) und seiner Assistenz (Abt. Europäische Volksliteratur der Uni Zürich) auch Teilzeit-Buchhändler im »kinderbuchladen zürich«. Heute schreibt er als freischaffender Publizist über Kinderliteratur, in Tageszeitungen, Zeitschriften und für die Fachpresse. Redaktor der schweizerischen Zeitschrift »jugendliteratur«.

Anna Katharina Ulrich
Spracherprobungen für Kinder

Wenn Laute sich verselbständigen – Urlaub machen, wie es im Buch »Lieber heute als morgen« von Hans Manz heißt –, kommen unverhofft Geschichten heraus:

Das A und das U
stießen heftig zusammen
(wahrscheinlich war es
glitschig und naß),
jedenfalls tat
der Zusammenprall weh,
drum schrien sie.
Aber was? Aber was?

Die Begegnung könnte auch anders verlaufen:

Das A rief dem U zu:
»Weißt du,
wovon ich oft träume?
Wenn wir zusammenkämen,
gäb es ein hübsches Flüßchen
und rings herum
Wiesen und Bäume.«

Das Herauslösen von Laut- oder Schriftbausteinen aus der Selbstverständlichkeit von Wörtern und Sätzen macht das Vorstellungsvermögen frei für Genauigkeit im Wahrnehmen. Das Materielle der Sprache – ihr Körper aus Klängen oder Zeichen – strebt, kaum nimmt man es für sich, in seine Funktion zurück, Meinung abzugeben: Es heißt etwas.
Was es heißt, ist bei Manz sehr wichtig. Was als reine Formspielerei imponieren könnte, ist eindringliche Mitteilung und spricht als solche die Fähigkeiten des Denkens, Empfindens, Urteilens, Träumens und Wünschens an. Im zweiten der zitierten Texte liest man eine einfache Definition des Begriffs, der beim freundlichen Zusammenkommen der beiden freigesetzten Laute herauskäme – einen erklärenden »Sachtext« also; zugleich regt sich beim Lesen die besorgte Liebe zur selten gewordenen Naturlandschaft, die beim Gelingen der Buchstabenbegegnung entstünde (das Wort »hübsch« breitet

sich vom Flüßchen her ins »rings herum« der Auenlandschaft aus). Und schließlich, oder zugleich, erzählt der winzige Text den Roman von den ewigen beiden, die gern zusammenkämen.
Mit »Lieber heute als morgen« setzt Hans Manz die Spracharbeit fort, an deren Anfang sein 1974 erschienenes Sprachbuch für Kinder »Worte kann man drehen« steht. Die 1978 erstmals erschienene Fortsetzung ist mit dem Titel »Die Kunst, zwischen den Zeilen zu lesen« 1986 neu aufgelegt worden. Das vorliegende Buch ist eine konsequente Weiterentwicklung, die auch neue Akzente setzt.
Die sprachlichen Mittel bleiben dieselben: Manz schreibt kurze, in sich geschlossene Texte, die etwas vom Rätsel, etwas von der gezielt strukturierten Sprachübung an sich haben. Die Bezeichnung »Sprachspiele« trifft am ehesten zu, erfaßt aber nicht ganz den aufklärerischen Ernst, der sie inhaltlich prägt, und die Diszipliniertheit der durchaus nicht beliebigen Formen. Neben Lauten und Zeichen können die Logik von Wortketten, das Wachsen von Wörtern und Sätzen, der Reim und anderes formbestimmend sein. Der Name »Kinderlyrik« wiederum, der dem literarischen Niveau angemessen ist, trägt dem Prosacharakter vieler Texte nicht Rechnung. Diese wirken einerseits wie Objekte, darauf angelegt, Sprache zu erproben: wo sie trägt, wo sie trügt; wo sie hohl oder brüchig wird, sich in ihr Gegenteil verkehrt; was beim Daherreden an Aussage entfährt und wie sich in geläufigen Redeweisen die Verteilung von Macht- und Ohnmacht zeigt.
Andererseits ist in jeden Text eine Ansprache an das aufmerksame, hellhörige Kind impliziert. Manz ist ein Schriftsteller, der im Persönlichen äußerst zurückhaltend wirkt und zugleich seinem lesenden Gegenüber eine starke Präsenz einräumt. Dieses vorsichtige Nähe-Suchen findet im vorliegenden Buch unmittelbarer, freier Ausdruck als in früheren Texten:

Vorsicht

Einer gibt dir zu verstehen,
er habe ich ganz und gar
in sein Herz geschlossen.

Sag ihm,
du möchtest lieber
ein- und ausgehen darin,
wie's dir behagt.

Dem Behagen, dem Wohlbefinden hier und jetzt, kommt in »Lieber heute als morgen« ein hoher Stellenwert zu. Es erscheint als verstärkter Akzent in der Ethik, die die Sprachbücher von Manz vermitteln. Das ernstgenommene Vergnügen gibt dem Ganzen eine neue Farbigkeit. Auch hier ist lesenswert, mit welchen sprachlichen Mitteln die Vergegenwärtigung eines vergnügten Miteinander- oder Mit-sich-Seins zustande kommt: so in einem Abzählvers durch die fremdländischen Namen von Speisen, in denen sich die multikulturell zusammengewürfelte Schulkinderschar wiederfinden kann, die Manz im Zürcher Industriequartier unterrichtet. Oder mit Zahlen: »Meine Glückszahl ist die 7«, beginnt ein Gespräch. Jemand anderes nennt die 13. »Und meine Glückszahl ist die 10 ½.« – »Ausgerechnet? Wieso?« – »So alt bin ich jetzt.«
Zehneinhalb ist eine gute Altersangabe für die Leserinnen und Leser, die Manz anspricht. Ungefähr in seinem eigenen Alter ist vermutlich Herr Paulke, der hin und wieder auftritt, um seine Erfahrungen mitzuteilen. Die mit Brechts Herrn Keuner entfernt verwandte Figur setzt im Buch einen zweiten neuen Akzent. In ihm nimmt der zurückhaltende, leise resignierte, unermüdliche Aufklärer Gestalt an, der in den früheren Sprachbüchern in den Texten immer latent vorhanden war. Daß er hier als abgegrenzte Gestalt erscheint, ist in doppelter Hinsicht ein Gewinn: Als Träger schöner, nachdenklicher Geschichten scheint er zugleich dazu beizutragen, daß andere Texte von Nachdenklichkeit entlastet sind. Das Gesamtbild des Buches – eines Puzzles, wie der Autor es im Vorwort nennt – hat im Vergleich zu den früheren nicht zuletzt durch diese Figur an Nuancenreichtum, Farbigkeit und Konsistenz gewonnen.

Aus »Neue Zürcher Zeitung«, Dezember 1988

Anna Katharina Ulrich, 1931 in Zürich geboren, arbeitet als Übersetzerin, Lektorin und Kritikerin seit Mitte der 60er Jahre vorwiegend auf dem Gebiet der Kinderliteratur. 1975 gab sie im Atlantis Verlag eine Mundart-Anthologie für Kinder, »En Elefant vo Äntehuse«, heraus, für die Hans Manz schöne Texte schrieb. 1979 bis 1990 erschienen, wiederum mit zahlreichen Beiträgen von Hans Manz, ihre interkantonalen Lesebücher für das 2., 3. und 4. Schuljahr (»Riesenbirne und Riesenkuh«, »Der große Zwerg«, »Der Zaubertopf«, »Drei Schritte« und »Das fliegende Haus«, Lehrmittelverlag des Kantons Zürich). Ihre Kinder- und Jugendliteraturkritiken erscheinen in der Neuen Zürcher Zeitung.

Margreth Wannenmacher

Vorsicht: Wörter

So, wie der Ameisenlöwe kein Löwe,
der Silberfisch kein Fisch,
der Knurrhahn kein Hahn ist.

So, wie Quartiere keine Tiere,
Piroggen kein Roggen,
Kaldaunen keine Daunen sind...

So ist der Autor kein Tor, oder?

Hans Manz hat das Gedicht mit dem Titel »Zweifel« überschrieben. Dieses Wort bedeutet für mich: schwanken, abwägen, verschiedene Möglichkeiten, verschiedene Wege sehen und mich nicht sicher fühlen, welchen ich gehen soll. Es bedeutet für mich aber auch, daß ich nicht weiß, ob ich mich für den richtigen Weg entschieden habe. Und schließlich heißt zweifeln für mich noch: auch andere Seiten, andere Möglichkeiten in Betracht ziehen, eine Umkehr erwägen...
Ich habe betont, daß dies meine Erklärungen, meine Umschreibungen des Wortes sind. Hans Manz würde es vermutlich auf ähnliche Art tun, und doch hat das Wort für jede von uns eine unterschiedliche Bedeutung. Was ein Wort heißt, lernen wir, wenn wir es in einem bestimmten Zusammenhang hören, durch seine Verbindung zur jeweiligen Situation und Wirklichkeit. Wörter haben mehr Inhalte, als VerfasserInnen von Wörterbüchern herausfinden können. Die Bedeutung von Wörtern liegt nicht in den Wörtern, sie liegt in uns. Wenn wir beobachten, was ein Mensch mit einem Wort tut, wie er es anwendet und in Bezug setzt, erfahren wir erst den individuellen Sinn des Begriffes. Die Art und Weise, in der das Wort gebraucht wird, und die Art, wie wir es aufnehmen, wenn es von andern ausgesprochen wird, formt weitgehend unsere Überzeugungen, unsere Vorurteile, unsere Ideale und Ziele.
Bedenken wir dann noch, daß jede von uns unterschiedliche Erfahrungen und Erinnerungen, andere Neigungen und Abneigungen hat, so wird klar, daß alle Wörter in jeder von uns unterschiedliche Reaktionen hervorrufen.
Was der Begriff »Rhein« bezeichnet, könnten wir vermutlich übereinstimmend erklären. Trotzdem entstehen in uns verschiedene

Bilder. Jede erinnert sich an einen andern Fluß-Abschnitt, jede hat andere Eindrücke gehabt. Die eine hat viel über ihn gelesen, die andere kennt seinen Lauf. Der eine erinnert sich an glückliche Erlebnisse an seinen Ufern, dem andern kommen vor allem unerfreuliche Begebenheiten in den Sinn. Wenn wir miteinander über den »Rhein« sprechen, vergessen wir leicht, daß wir über verschiedene Reihen von Erinnerungen und Erfahrungen sprechen.
Kinder erklären Wörter fast immer, indem sie zeigen, mit welchen Begebenheiten und persönlichen Vorstellungen sie ein Wort verbinden:

- Eine Strafe ist, wenn ich böse war und ohne Nachtessen ins Bett muß.
- Eine Zeitung besteht aus vielen großen Blättern. Sie wird jeden Tag mit der Post gebracht. Darin steht das Fernsehprogramm, und man kann lesen, wenn in Italien etwas geschehen ist.
- Tag ist, wenn ich draußen spielen kann, wenn ich Rollschuh, Rollbrett oder radfahren kann, wenn ich tun kann, worauf ich Lust habe – oder wenn ich zur Schule gehen muß.
- Ein Wort schreibt man mit großen und kleinen Buchstaben. Es hilft, daß ich verstehen kann.

Dies sind gute Erklärungen, wenngleich sie für ein Wörterbuch zu individuell sind. Sie vermitteln uns etwas vom inneren Bild und von den Erfahrungen, die der Mensch, der das Wort ausspricht, damit gemacht hat.
Unser Leben bewegt sich in zwei Welten:
Einmal in der Welt der Vorgänge, die wir aus erster Hand kennen, die nur aus dem besteht, was wir selber gehört, gesehen oder gefühlt haben. Wenn wir überlegen, wieviel wir tatsächlich erlebt haben, entdecken wir, daß dies sehr wenig ist. Es ist eine winzig-kleine Welt, verschieden und einzigartig für jeden Menschen. In meiner wirklich erfahrenen Welt beispielsweise gibt es keine Golfkrise, es gibt Gorbatschow und die Sowjetunion nicht, und es hat in Berlin nie eine Mauer gegeben. Dafür gibt es Peru und Bolivien, es gibt Zürich, Bern und Basel, und – es gibt seit einigen Monaten Hans Manz.
Wir leben aber auch in einer zweiten, viel größeren Welt: in der verbalen Welt, in der Welt der Wörter. Es ist die Welt, die wir durch die Berichte anderer kennen, von Eltern, Freundinnen, Schulen. Wir erweitern sie stetig, wenn wir Zeitungen und Bücher lesen, durch

Radio und Fernsehen, durch Gespräche und Reden. Unsere ganze Kenntnis der Geschichte besteht aus Worten, aus Berichten, aus Berichten über Berichte von Berichten. Es gibt nicht die Menschheitsgeschichte, doch es gibt unzählige Geschichten über alle möglichen Aspekte vergangenen menschlichen Lebens. Wir erleben durch die Sprache die Welt anderer Menschen und ihre Wirklichkeit und teilen damit symbolisch ihre Erfahrungen. Wir hören und lesen, wie andere Menschen an anderen Orten und zu andern Zeiten leben und gelebt haben, was sie dachten, worüber sie sich sorgten. Und wir entdecken die Verschiedenheiten, aber auch die Ähnlichkeiten zu den Menschen aus andern Völkern und andern Epochen. Diese Erfahrungen sind die Grundlagen menschlicher Beziehungen. Durch das Lesen vergrößert sich die Tiefe, die Weite und die Feinheit unserer symbolischen Erlebnisse. Wir leben nicht nur ein Leben. Die Welt der Sprache läßt uns andere Lebensformen und Lebensläufe so erleben, als ob es unsere eigenen wären. Wir erweitern unser Bewußtsein.
Diese verbale Welt steht zur wirklichen Welt in einer Beziehung wie die Landkarte zum Gelände (nach der Metapher von A. Korzybski). Eine Landkarte zeigt nicht das dargestellte Land, sie gibt auch nicht alles von einem Gelände wieder. Die Landkarte kann helfen, das Gelände aus einer entfernteren Perspektive zu sehen, Wege für eine Wanderung zu finden. Doch die Landkarte kann die Wirklichkeit auch verzerrt darstellen, sie kann besondere Gesichtspunkte einer Gegend einseitig hervorheben. Sie gibt nur ein mehr oder weniger genaues Abbild vom Gelände.
Wörter sind nicht Dinge. Wörter sagen nicht alles über eine Sache, ein Stein ist nicht ein Stein. Die Bedeutung eines Wortes ergibt sich aus dem Zusammenhang, aus der Art, wie es verwendet wird.

Schlaumeier

Was er habe, so schwor er,
wolle er redlich teilen
und ohne zögern hingeben.

Er hatte Zahnweh.

Es sind bloß Worte, sagen wir leichthin und vergessen, daß Wörter die Macht haben, das Denken der Menschen, ihre Gefühle und ihr Handeln zu verändern. Ein politischer Umsturz in einem Land be-

ginnt sehr oft mit der Besetzung von Radio- und Fernsehstationen. Worte können Menschen veranlassen, in den Straßen zu marschieren, und Worte können auf Menschen so aufreizend wirken, daß sie die Marschierenden mit Steinen bewerfen. Worte, die als Prosa keinen Sinn vermitteln, können in einem Gedicht bedeutungsvoll sein. Worte, die den einen einfach und klar zu sein scheinen, können anderen rätselhaft und unverständlich vorkommen.
In seinen Texten befaßt sich Hans Manz mit der Beziehung zwischen Sprache und Wirklichkeit, zwischen der Landkarte und dem Gelände, zwischen den Wörtern und ihrer Bedeutung. Er spielt mit Sprache, mit Wörtern, erzählt und berichtet. Arglos folgen wir seinen Worten, erhalten die Sicherheit, ihn genau zu verstehen. Doch dann, unvermittelt und überraschend, zeigt er uns, daß er an eine ganz andere Bedeutung des Wortes gedacht hat. Er täuscht, um mißtrauisch zu machen, er hält uns hin, führt uns an der Nase herum, um zu zeigen, daß Worte unentbehrlich, großartig sind, daß sie aber auch verhängnisvoll und gefährlich sein können. Er zeigt die Grenzen der Sprache, ihre gewaltigen Möglichkeiten zum Guten wie zum Bösen.

Naseweises

In eines Mannes Gesicht
fingen die Nasenflügel
eines Tages zu flattern an,
flogen mit der Nase davon.
Dazu ist nur das eine zu sagen:
Der Mann hatte die Nase schon
immer zu hoch getragen.

Hans Manz zeigt in jedem seiner Texte eine andere Sicht der verbalen Welt, hebt verborgene topografische Besonderheiten der Landkarte hervor. Er übersetzt geläufige Bedeutungen in ungewohnte, überraschende: ge-fundene, nicht er-fundene. Was vordergründig als leichte Spielerei mit Wörtern erscheint, ist eine entlarvende und kritische Auseinandersetzung mit der Wirklichkeit.

Dialog

Müssen wir unsere Streitmacht vergrößern?
Lieber heute als morgen.

Müssen wir unsere Kampfkraft verstärken?
Unter allen Umständen!

Müssen wir bis zum Umfallen kämpfen?
Ja doch – gegen Gewalt und Krieg.

Übersetzen bedeutet auch: Grenzen überschreiten, nicht nur Geschwindigkeitsgrenzen, nicht nur Sprachgrenzen, sondern ebenso Grenzen im Denken und Empfinden, Grenzen in der Wahrnehmung anderer Daseinsformen. Es braucht immer wieder neue Sichtweisen, um die ungewohnte Lebensweise von Menschen anderer Völker, von Minderheiten und auch von Kindern verstehen zu können. Kinder sind wie frisch Eingewanderte in unserer Mitte. Viele Wörter kennen sie noch nicht, von andern erst einzelne Bedeutungen. Es fällt ihnen schwer zu verstehen und die Sprache zu gebrauchen. Sie machen Fehler. Oft verwenden sie Wörter in ungewöhnlichen Zusammenhängen, schaffen eigene Sprachformen, wo ihnen Begriffe fehlen. Und wir reagieren mit einem unglaublichen Mangel an Phantasie, lachen über ihre dummen Bemerkungen, weil wir sie nicht verstehen. Dabei wäre es besser, näher zuzusehen, wie sie abstrahieren und ihre Abstraktionen formulieren. Dann merkt man, daß ihre Bemerkungen nicht dumm sind.
»Mach das Badewasser wärmer«, sagt ein Kind, das erschreckt die Hand zurückzieht, weil ihm das Wasser zu heiß ist. Vielleicht verwechselt dieses Kind nicht einfach warm und kalt. Vielleicht bedeutet seine Bitte: »Mach das Wasser so, daß es mehr meiner Vorstellung von warm entspricht!« Steckt nicht ein kluger Denkvorgang hinter seiner Aussage? Wir sollten aufmerksam zuhören, wenn Kinder sprechen. Es lohnt sich, die Logik ihrer Sprache kennenzulernen.
Weil ein Kind Worte allein nicht allzugut versteht, achtet es nicht nur darauf, was wir sprechen, sondern auf alles an uns, wenn wir sprechen: auf den Tonfall, die Gesten, den Gesichtsausdruck, auf körperliche Spannungen... Deshalb ist ein Kind so schwer zum Narren zu halten. »Ich habe dem Kind so oft gesagt, daß es vor mir keine Angst haben muß, und doch hat es kein Vertrauen zu mir!« sagt der strenge und gerechte Lehrer. Kommunikation ist eine komplexe Sache, ganz besonders die Kommunikation mit Kindern. Oft glauben Erwachsene, daß ein Gespräch mit Kindern aus Befehlen und Zurechtweisungen besteht. Man sagt etwas, wiederholt es lauter, und

dann gibt man ihnen hinten eins drauf, wenn sie nicht hören wollen. Der Schlag soll den Worten die nachdrückliche Bedeutung geben. Dabei fragen wir kaum, warum uns die Kinder nicht verstehen: weil wir verschweigen, daß das, was sie nach unsern Vorstellungen sein sollten, etwas anderes ist als das, was sie sind.

Tadel

Kind,
wenn ich manchmal so seh,
wie sich dein Vater benimmt,
was deine Mutter tut,
was bei beiden nicht stimmt,
wie ängstlich sie sind und verbogen,
dann muß ich dich schon fragen, mein Kind:
Wie hast du deine Eltern erzogen?

Die erste Reaktion beim Lesen solcher Gedichte mag ein leises Lachen sein, unterbrochen vom Nachdenken über die Bedeutung einzelner Wörter. Was heißt denn erziehen? Hat es etwas zu tun mit heraufziehen? Stehen wir oben, die Kinder unten? Ist es nicht selbstverständlich so, daß auch die Kinder uns verändern, so wie wir sie verändern? Warum nennen wir nur das, was die Erwachsenen tun, Erziehung? Hat Erziehung etwas mit Macht zu tun?
Solche Fragen entstehen in mir, wenn ich Texte von Hans Manz lese. Solche und noch ganz andere Fragen entstehen, wenn ich die Texte zusammen mit Kindern lese. Ich erlebe dann die Sprache nicht nur zweiwertig: gut und böse, weiß und schwarz. Ich erlebe sie unendlich vielwertig. Ich erfahre, daß Sprache nicht nur das ist, was ich verstehe, daß Wörter nicht nur die Bedeutungen haben, die ich ihnen gebe. Die Texte vermitteln die Phantasie und Einsicht, einen Begriff von vielen Gesichtspunkten aus zu betrachten. Damit erfahre ich mit den Kindern zusammen nicht nur, was Sprache bedeutet, wir lernen auch – und dies scheint mir sehr wichtig –, was Sprache nicht bedeutet: Sprache ist nicht das Land, sie ist nur die Landkarte.
Kinder in die verbale Welt, in die Welt der Wörter zu führen, heißt, sie mißtrauisch und kritisch zu machen. Durch die Texte von Hans Manz lernen sie zu begreifen, daß Wörter viele Inhalte haben, daß kein Wort zweimal dieselbe Bedeutung hat. Daraus entwickelt sich die Gewohnheit, die Zusammenhänge zu untersuchen und in Beispie-

len zu denken, nicht in Definitionen. Dies hilft ihnen, besser zu verstehen, was andere sagen und – davon bin ich überzeugt – sich gegen einseitige und widersprüchliche Wahrheiten der Erwachsenen zu wehren, oder wie es der Autor sagt: Den Sprücheklopfern widersprechen.

- »Es gibt keinen Grund zum Weinen«, sagt die Mutter zum Kind. Für sie vielleicht nicht, ganz sicher aber für das Kind, sonst würde es nicht weinen.
- »Ich will ja nur dein Bestes«, sagt der Vater. Für ihn mag es stimmen, für das Kind so oft nicht.
- »Du brauchst den Schlaf«, sagen Eltern zum Kind, wenn sie ihre Ruhe möchten...

Halt deinen Schnabel

Gut, sagte die Ente,
ich halt ihn ins Wasser.

Gut, sagte der Teekrug,
ich halt ihn schön aufrecht.

Gut, sagte das Kind,
ich halt ihn munter in Schwung.

Grenzen überschreiten, anders miteinander umgehen und miteinander sprechen, den innern Vorstellungen mißtrauen, die Landkarte mit dem Land, die Sprache mit der Wirklichkeit vergleichen: Hans Manz ist Übersetzer, *Über*-setzer. Er ist Verbindungsmann zwischen zwei Welten. Er zwingt uns, mit einem Sprung, mit einem Satz eine ganz andere Position einzunehmen, über Grenzen hinwegzugehen, auch wenn es verboten ist... Hans Manz ist aber auch »traducteur«, Begleiter, und er ist »translator«, einer der hinüberbringt und -trägt, wo es notwendig ist.
Man hat Dichter »die Fensterputzer des Geistes« genannt. Ihre Werke lassen uns andere Sichtweisen erleben, sie wecken neue Interessen und verfeinern die Wahrnehmung unserer Sinne. Wenn ein Dichter wie Hans Manz neue Arten des Sehens und Fühlens entdeckt, hilft er, neue Wege des Denkens, vielleicht sogar des Handelns zu fördern. Er erleichtert uns das Verständnis für die Welt, die sich immerzu verändert.

Was Worte alles können

erklären
verraten
verschweigen
Mißverständnisse ausräumen
täuschen
preisgeben
Mißtrauen schaffen
Herzen öffnen
verletzen
trösten
verführen
verwirren
Zugang finden
auf taube Ohren stoßen
Barrieren überwinden
aufmuntern
vernichten
ablenken
ermüden
Zwietracht säen
Frieden stiften
nörgeln
angreifen
erheitern
traurig machen
enttäuschen
Erwartungen wecken
wärmen usw.

Hans Manz hat einem seiner Bücher den Titel »Lieber heute als morgen« gegeben. Was sollen wir denn lieber heute als morgen tun? Als Kind habe ich ein Sprichwort mit ähnlichem Wortlaut gelernt: »Verschiebe nicht auf morgen, was du heute kannst besorgen.« Ich habe dabei nie an etwas Angenehmes gedacht. Es ging um die Ordnung im Zimmer, um langweilige Schularbeiten, um die Dankesbriefe nach Weihnachten. Einmal mehr aber führt uns der Autor auf einen andern Weg. »Heute« und »Morgen« haben mit zwei Welten zu tun, mit dem Land und der Landkarte. »Heute« ist ein Wort aus dem wirklichen Leben, wir erleben es jetzt und hier. »Morgen« ist ein Begriff aus der verbalen Welt, morgen steht auf den Landkarten, die

Zukunft existiert nur in der Sprache. Mit diesem Titel faßt Hans Manz die Gedanken seiner Texte konsequent zusammen. Es ist die Mahnung, den Wörtern zu mißtrauen, an ihren Bedeutungen zu zweifeln, damit keine falschen Landkarten entstehen. Im Mittelpunkt steht das Heute, das wirklich-erlebte Leben.
Zusammen mit Kindern gelingt es leichter, daß sich beide Welten, das Heute und das Morgen, ergänzen und erweitern. Für Kinder ist es wichtig, das Land zu erforschen, für sie ist bedeutsam, was hier und jetzt geschieht. Sie wollen nicht vertröstet werden, noch zehnmal schlafen, noch 24 Türchen zum Öffnen, nicht: dann, wenn. Sie wollen nicht nur symbolische Erfahrungen machen, sie wollen ihr eigenes Leben erbauen und gestalten. Das heißt für sie: »Lieber heute«. Wir Erwachsenen können mithelfen, daß sie mit einer verbalen Welt im Kopf heranwachsen, die der wirklichen Welt entspricht, die hilft, das tatsächliche Leben besser zu verstehen und Zusammenhänge zu sehen. Wir können mit ihnen zusammen die Landkarten gestalten, in denen die verschiedensten Wege gezeichnet sind. Wir können sie auf das Morgen vorbereiten.
Die Texte von Hans Manz sind wie Treffpunkte zwischen Erwachsenen und Kindern: uns helfen sie, die Kinder in die Welt der Sprache zu begleiten. Den Kindern geben sie den Anstoß, uns auf neue, unbekannte Vorgänge im tatsächlichen Leben hinzuweisen.
Reden, genießen, begegnen, arbeiten, spielen, lernen, zusammenleben, nachdenken, wachen und träumen, beobachten.
Mit diesen Untertiteln sind verschiedene Richtungen angedeutet. Es sind bloß Wörter, doch auch sie haben die Macht, unser Denken und Fühlen zu verändern.

Ferien machen: eine Kunst

Nichts müssen,
nichts sollen.
Nur dürfen
und wollen.
Jeder Tag
ein unvorbereitetes Fest.
Sich einigen,
wer
wann
wo

was
wie
mit wem
tut oder läßt.

Anfänglich sind die Texte von Hans Manz in der direkten Arbeit mit Kindern zusammen entstanden. Sie enthalten viel von dem, wie Kinder mit Sprache umgehen. Er hat ihnen aufs Maul geschaut. Er hat viel von ihnen gelernt.
Eines seiner Gedichte heißt: »Schüler einer 1. Klasse im Industriequartier Zürichs«. Er zählt darin Namen auf: *Sandra Caforio, Ornella Cesare, Monica di Giorgio, Rosa Di Santo* usw. Damit zeigt er die Zusammensetzung von Schulklassen, in denen er als Lehrer unterrichtete. In solchen Klassen gehört es zum Alltag, daß Wörter stets nach ihrem Sinn überprüft werden müssen, daß das Verstehen nicht als selbstverständlich vorausgesetzt wird.
In seinen Gedichten geht es immer wieder um Mächtige und um die, die darunter leiden. Die Beziehung zwischen Erwachsenen und Kindern spielt eine große Rolle: Kinder haben zu wenig Macht!

Das Referat wurde für diesen Abdruck von Margreth Wannenmacher leicht überarbeitet.

Margreth Wannenmacher, geboren 1946, Lehrerin, lebte vier Jahre in Peru; arbeitet mit Kindern, die sich mit dem Lesen und Schreiben schwertun. Das hier nachgedruckte Referat hielt Margreth Wannenmacher zu Ehren von Hans Manz anläßlich der IBBY-Ehrenliste 1990 für »Lieber heute als morgen« in Zürich am 25.9.1990 im Schweizerischen Jugendbuch-Institut, Zeltweg. Gleichzeitig wurde Margreth Wannenmacher geehrt mit der IBBY-Ehrenliste für die Übersetzung des Bilderbuchtextes »Wayra sieht ihr Land« des bolivianischen Aymara-Indianers Eugenio Topoco. (Das Bilderbuch ist im Lamuv Verlag erschienen.)

Maria Lypp

Über Hans Manz

Ein Zweizeiler, dem »Dritten Sprachbuch für Kinder« entnommen, eröffnet einen Zugang zum Werk von Hans Manz:

Zum Schnellsprechen:
Manche Mächtigen meinen, Macht müsse
Menschen mutlos machen.
Mut macht mundtote Machtlose mächtiger.

Dieser Vers enthält einige Grundzüge von Manz' Schreibweise: das Spiel mit der Sprache, ihrer klanglichen, syntaktischen und semantischen Ebene; die auf Vergnügen abzielende Pointe, die explizit formulierte Erkenntnis; den Rückgriff auf Kindern und Erwachsenen gemeinsame Erfahrungen; die gesellschaftskritische Intention; die »Didaktik« des Mutes gegenüber Unzumutbarem.
Als die Kinderliteratur um 1970 nach einer langen Periode der Konventionalität und Gleichförmigkeit eine fast sprunghafte Entwicklung ihrer Themen und Formen in Richtung auf Realitätsdarstellung, Anschluß an die zeitgenössische Literatur, Erziehung zur Mündigkeit des kindlichen Lesers erlebte, gehörte Hans Manz zu den Autoren der ersten Stunde, der diese Entwicklung mitbestimmte. Daß es sich bei ihm nicht um eine Mode handelte, zeigt sich daran, daß er in den anderthalb Jahrzehnten danach, in denen die Kinderliteratur eine Wende zum Phantastischen durchmachte, die eingeschlagene Richtung unberührt von Zeitströmungen weiterverfolgte. Mehr noch zählt, daß einige Texte, die bereits in der zweiten Hälfte der sechziger Jahre entstanden, jene Entwicklung antizipierten.
....
Sprachliche Artistik und aufklärende Intention, zwei durchgängige Charakteristika von Manz' Werk, finden in »Worte kann man drehen« eine originelle Verbindung. Die Art dieses Buches, dessen Thema die Sprache ist, hat keine Vorläufer. Es ist bahnbrechend geworden für einen spezifisch kinderliterarischen Buchtyp, das Sprachbastelbuch, dessen Entstehen mit linguistischen, didaktischen und literarischen Zeitströmungen zusammenhängt. Mit dem Aufkommen eines breiten sprachkritischen Interesses durch den Aufschwung der Linguistik – nicht nur als wissenschaftlicher Disziplin, sondern auch als eines gesellschaftlichen Erklärungsmodells – begannen

Schul-Lesebücher, Sprachbücher, aber auch Kinderliteratur Wissen und Bewußtsein von Sprache im sozialen Kontext zu vermitteln.
Der Lehrer Hans Manz legt 1974 erstmals eine Sammlung kurzer Texte vor, die die Aufmerksamkeit auf die verschiedensten Aspekte der Sprache lenken: Nicht nur ihre akustische und visuelle Seite, ihr Spielcharakter, wird – wie schon früher in der Kinderliteratur – genutzt, sondern auch die psychologische und soziale Dimension wird poetisch umgesetzt. Mit der »Steinigungssprache«, der »Honig-«, »Stau-« und »Seufzersprache« gibt Manz Einblicke in die kommunikativen Strategien zwischen Groß und Klein, in rollenfixiertes Sprechen, in die alltägliche Floskelhaftigkeit, aber auch in die unterm täglichen Gebrauch verborgene Eigenkraft der Sprache und die Möglichkeit, sie durch einen Dreh zu entbinden (»Worte kann man drehen«). Dabei geht es nicht ums bloße Staunen über sprachliche Tricks, sondern darum, daß der Leser auf der Hut ist. Der Autor stellt Fallen mit dem Appell, aufzupassen und hinzuhören. Der unumwundene pädagogische Bezug, den das Nachwort unterstreicht, indem es den Stundenplan einer »ganz neuen Sprachlehre« entwirft, tut dem Vergnügen keinen Abbruch, da die Anwendung des Pensums offensichtlich im Interesse des jungen Lesers liegt. Manz weiß, daß das Kind die Sentenz liebt, weil sie ihm Überlegenheit verschafft, daß es das griffige, geschliffene und zumal das witzige Wort gern in Gebrauch nimmt. »Ein Mann überdachte sein Haus und dann sein Leben«: Das Doppelbödige, oft Satirische dieser Texte verlangt allerdings ein hohes Maß an intellektueller Beweglichkeit und die Bereitschaft, gewohnten Boden zu verlassen. »Ich mute Kindern viel Verständnis und Empfindsamkeit zu. Und je mehr ich ihnen zutraue, desto mehr mobilisieren sie. Das ist keine Theorie, sondern alltägliche Erfahrung.« Solche Anforderungen sind in der Lyrik für Kinder ungewöhnlich, als Lyrik aber sind die rhythmisierten Zeilen durchaus aufzufassen. Nach einigen Versuchen moderner Autoren, auch das Kindergedicht im Zuge des kinderliterarischen Wandels aus seiner Epigonalität zu befreien, gelingt Manz der Durchbruch zu einer Poesie, die zeitgenössisch und zugleich für Kinder zugänglich ist.
Brückenpfeiler ist die Konkrete Poesie. Ihrem Programm nach wendet sich Konkrete Lyrik vom metaphorisch-bedeutungsvollen und subjektiv-bekenntnishaften Sprechen, von Gegenstands- und Stimmungsvermittlung ab. Elementen also, die die lyrische Botschaft

des erwachsenen Autors an das Kind wegen dessen geringer Lese- und Lebenserfahrung erschweren; statt dessen ist ihr zentraler Gegenstand die Sprache, die sie als Spielmaterial präsentiert. Indem Manz die Konkrete Poesie kinderliterarisch aktualisiert, weist er den Weg der Integration des Kindergedichts in die Gesamtliteratur. Die Kritik begrüßte, »daß Morgenstern und Jandl, Kästner und Ringelnatz nicht umsonst gelebt haben oder noch leben. (...) Gomringer und Anverwandte lassen grüßen.« (»Basler Zeitung«) »Ein den Erwachsenen/entwachsenes Kind/ist erwachsen./Ein von Erwachsenen/überwachsenes Kind/ist verwachsen« – das hat es bisher weder thematisch noch formal für junge Leser gegeben.
»Kopfstehen macht stark. Die Kunst zwischen den Zeilen zu lesen. Neues Sprachbuch für Kinder« setzt diese Linie fort. Die Einteilung der Texte in spaßige Rubriken dient weniger der Strukturierung als der Parodie aufs Lehrbuch. Dieser unautoritäre Zug wird von Jörg Steiner hervorgehoben: »Und da kommt nun ein Erwachsener, der weniger weiß, Unfertiges anbietet, Mangelhaftes: Sprachlust, nicht Sprachleid. Was Hans Manz für die Kinder zurückholen will, ist Bewegungsfreiheit. Und was er dadurch für die Sprache zurückholt, ist: Leben« (»Die Zeit«). Das Sprachbuch ist damit zur Institution geworden, an die sich Erwartungen richten. Während sich auf dem Markt seither Bucherzeugnisse dieser Art jagen und häufig der Gefahr erliegen, die generell mit der Institutionalisierung sprachschöpferischer Spontaneität gegeben ist, gründet sich der Rang von Manz' Sprachspielen darauf, daß sie nicht im luftleeren Raum, sondern auf dem Boden sozialer Realität stattfinden, und darauf, daß Spaß und Tiefsinn nicht durch didaktisches Kalkül zusammengehalten werden, sondern zwei Seiten einer Sache sind: Die Metapher vom Kopfstand (Spielhaltung und Denkhaltung in einem) besagt es.

....

(gekürzt) aus: »Kritisches Lexikon der dtsch. Gegenwartsliteratur« (25. Nlfg.), herausgegeben von Hans Ludwig Arnold, mit Erlaubnis der Edition Text + Kritik, München.

Maria Lypp, Dozentin für Literaturwissenschaft an der Uni Dortmund. Veröffentlichungen zur Theorie der Kinderliteratur, u. a. »Einfachheit als Kategorie der Kinderliteratur«, »Lachen beim Lesen. Zur Komik im Kinderbuch«.

Lösungshilfen

S. 55 Richtig wäre: Wach-stube, Registrieramts-paß, Qual-märsche, Wald-arm.

S. 59 Eingeborener Häuptling / ein gestandenes Bier / ein gemachtes Bett / eingefundenes Volk / eingenommenes Land.

S. 114 heute, scheute, erfreute, schauen, umzubauen, schlau, genau.

S. 115 Gruß, Greis, Griff, Gerste, Geifer, Gabel, grollen, gerben, großartig, glauben, grasten, glitten.

S. 119 *oben:* Esel, Lese, Seele, Sessel, Esse, Else, See, Elle, Lee.
unten: Wetter, Rieselregen, Wiesenwanzen, … wunde Wädchen wollen …

S. 122 Mach aus jedem ei ein ie, von Liebchen, Wiese und so weiter bis liebreichende Liese.

S. 123 Gamagen: Scherzweise falsch geschrieben. Richtig ist: Gamaschen.

S. 132 Schau-fel, Schau-kel, Schau-ergeschichte, Schau-fensterpuppe.

S. 134 Betone die schräg gedruckten Wörter. Jeder, der in diesem Test spricht, betont auch etwas: das, was ihm besonders wichtig ist.

S. 140 Ein guter Clown ist immer auch ein verzweifelter Clown. Er hilft uns, die eigene Verzweiflung mit Lachen erträglicher zu machen, und unser Lachen hilft ihm umgekehrt, die seine zu überwinden.

S. 146 Roboter werden meistens menschenähnlich dargestellt. Ich finde das genauso gefährlich, wie wenn Menschen zu Maschinen degradiert werden (s. Seite 199 unten!). Auch Autos mit Menschennamen (s. Seite 143) gehören in dieses Kapitel.

S. 149 Einstein, Verzweiflung, drein, Revierjäger, Parfümflasche (fümf = mundfaule Fünf), Grasechse, Phantasiebenamsung, Schlachttiere, Neun, Zehn.

S. 154 … indem er als einziger klatschte. Klatschmohn: rote Feldblume.

S. 158 Dromedarling ist ein Zusammenzug von Dromedar und Darling (Liebling); Pelikantine ist die Verkürzung von Pelikan und Kantine und so weiter.

S. 161 Nicht nur Hunde führen ein Hundeleben.

S. 168 Mein Freund, Bruder, Bekannter sind Träumer. Ich selber schaue lieber wach und wachsam, was um mich herum vorgeht. Man sagt nicht umsonst: »Unsanft aus seinen Träumen geweckt werden«.

S. 179 Manche (nicht alle) Schlagersänger singen ihre kitschigen, platten Texte mit solcher Selbstgefälligkeit, daß sie wirklich am meisten in sich verliebt sein müssen. Wären sie's nicht, würden sie den Stumpfsinn ihrer Schlager bemerken.

S. 193 »In sein«: dazugehören. Frauen verlieren in Zeiten der Arbeitslosigkeit ihre Stellen zuerst.

S. 199 *oben:* »Auf die schiefe Bahn geraten«: haltlos, willenlos sein, zum Beispiel süchtig werden oder Gesetzesbrecher sein. »Über den eigenen Schatten springen«: sich (und seine Fehler) überwinden.
unten: Was man noch schalten, abschalten, anschalten kann, ist immer noch maschinenähnlich.

S. 201 Schlangenfänger nennt man Menschen, die Mitmenschen mit Tricks (Schmeicheleien, Schwindeleien) hereinlegen und sie für ihre Zwecke benutzen.

S. 209 *Das* Mensch ist ein altmodischer Ausdruck. Er war abschätzig, verächtlich gemeint und wurde ausschließlich für Frauen verwendet: Das sagt auch etwas aus über die Menschen.

S. 218 Ein erwachsener Mensch hat 32 Zähne. Wenn sie in einem Zweikampf gegenseitig eingeschlagen werden, ergibt das 64 Zähne. Besser wäre es, man fände allmählich freundlichere, vernünftigere Methoden der Auseinandersetzung.

S. 302 Tamile: Angehöriger einer Minderheit auf Sri Lanka. Viele flüchteten in die Schweiz, aus Angst vor Verfolgung.

S. 323 Daten können auch Angaben über Personen sein, die auf Staats- und Polizeiämtern gesammelt werden: Beruf, Alter, Adresse, Vermögen, Parteizugehörigkeit usw. Manchmal werden Daten zur argwöhnischen Überwachung mißbraucht.

Schlagwort-Verzeichnis

Inhalt